JN008863

デジタルチャンピオン

DIGITAL CHAMPION

変化適応と新価値創造のための思考とその戦略

著 PwCあらた有限責任監査法人
PwCコンサルティング合同会社

東洋経済新報社

はじめに

新しい世界への適応に向けて

どこからともなく新型コロナウイルス感染症（COVID-19）は、政府、企業問わずあらゆる組織のリーダーにとっての最優先事項として浮上してきた。突然、新しい世界でのルールに合わせた形での組織活動が余儀なく求められ、一時的な対応策が固まるまでにも、膨大な損失と忍耐が強いられた。そして、ようやくニューノーマル下での組織運営に対応すべき構造改革に着手し始めた段階であろう。

ただし、対応が迫られている多くの変化は、ずいぶん前から問われていたものも多く、今回のパンデミックにより一気に加速化される形となった。

ＰｗＣでは、これらの世界で取り組むべき一連の課題群をＡＤＡＰＴと名づけ、警鐘を鳴らしてきた。ＡＤＡＰＴとは、「Asymmetry（貧富の差の拡大と中間層の衰退）」「Disruption（テクノロジーの広がりやすさとそれが個人、社会、気候に与える影響）」「Age（ビジネス、社会制度、経済への人口動態圧力）」「Polarisation（世界的なコンセンサスの崩壊や分断、ナショナリズムやポピュリズムの台頭）」「Trust（社会を支える諸機関への信頼低下)」と要素定義し、それらの頭文字を取ったものである。激変する時代の流れに対応して、組織・機関の行動や考え方を「適応させる(adapt)」必要があることを想起していただきたい、という意味でもある(詳細は、7ページからの「ADAPT——世界が直面する5つの喫緊な課題とその影響」を参照されたい)。

企業に限らずあらゆる組織が、求められている必須の能力として、「不透明性の中で突発的に発生するルールチェンジ」への対応力があげられることは否定できない。本書のテーマである企業におけるデジタルトランスフォーメーション(DX)に関しても、突発的な環境変化に対するレジリエンス(回復力)などの適応力を中核として、ビジネスモデルや組織をどのように作っていくか、進化させていくか(単なる「変革」ではなく)を問う段階に入ってきた。もはや、あらかじめ固定的に設定されたゴールやあるべき姿に向けて、何年もかけて一方向的にデジタル施策を積み上げていくものではない。

DXに関しては、すでに多くの実践と研究が進められ、経営テーマとしても一般化されてきている。一方で、DXが企業および社会基盤として進められていく中で、その難しさも同時に指摘されている。

グローバルでDXに取り組んでいると言われている企業におけるDXの進捗状況を

ＰｗＣが独自に調査したところ、現時点でのＤＸ成功確率は、40％に至らないという結果も出ている。これらは、トランスフォーメーションそのものを進める上で、押さえるべきいくつかのストーリーが必須であり、よく聞くようなデジタル施策をバラバラに積み上げていっても、どこかでリバウンドしてしまうことを意味している。また、ＤＸというものが未だ多様な意味で用いられ、非常にわかりにくいものとして留まっていることにも起因していると見ている。

本書では、ＰｗＣのこれまでの企業変革そのものの経験より、デジタルを活用したトランスフォーメーション（エボリューション）を具現化するために、また、加速化するためにどのような実践策を打ち出していくべきかを中心にまとめている。最初にどのような基本思想を持つべきか、どのような枠組みで改革の全体像を捉えるべきかを考察し、そして、その際、埋め込むべき改革加速化の仕組みは何なのかという点を言及している。

冒頭に述べた通り、これからのトランスフォーメーションとは、企業を取り巻く競争環境への適応に加え、パンデミック、地政学的リスク、気候変動や災害などの突発的なゲームチェンジに対応する恒常的な変革・進化力を保持することだと考えている。そのため、デジタル化にはどのようなものがあるのかという現時点の答えより、継続的に変化・進化するために最初に持つべき考え方の基本的な枠組みと、具現化するための加速化策にこだわったのである。ＰｗＣ自身も含まれるのだが、ＤＸというものが当たり前の企業能力となり、その言葉を使うことすら不要となっている進化した世界を目指していただきたい。

また、ＰｗＣの知見に加え、ＭＳ＆ＡＤインシュアランス グループ ホールディングスの船曳真一郎様、東芝の島田太郎様、日立グローバルライフソリューションズの丸山幸伸様（本書登場順・所属および役職は取材当時のもの）からは、日本発グローバル企業として、新世界で戦っていく際にも不変となる戦略コンセプトに関する具体的なインサイトをご説明いただいた。具体的に取り組まれ、努力されてきたトランスフォーメーション施策の内容も大変示唆深いものであるが、このような不透明な世界観の中で、自らゲームチェンジを仕掛けていくチャレンジャーに共通する揺るがない改革の軸とは何なのか、惜しみなく表現していただいた。

本書を通して、ＤＸという言葉が意味するものに留まることなく、新たな世界で必須となる貴社組織の進化の基本メカニズムの再確認・再構築につながる一助になればと切に願う。

PwC Japanグループ チーフ・デジタル・オフィサー

神馬 秀貴

ADAPT——世界が直面する5つの喫緊な課題とその影響

世界が直面する5つの喫緊な課題とその影響

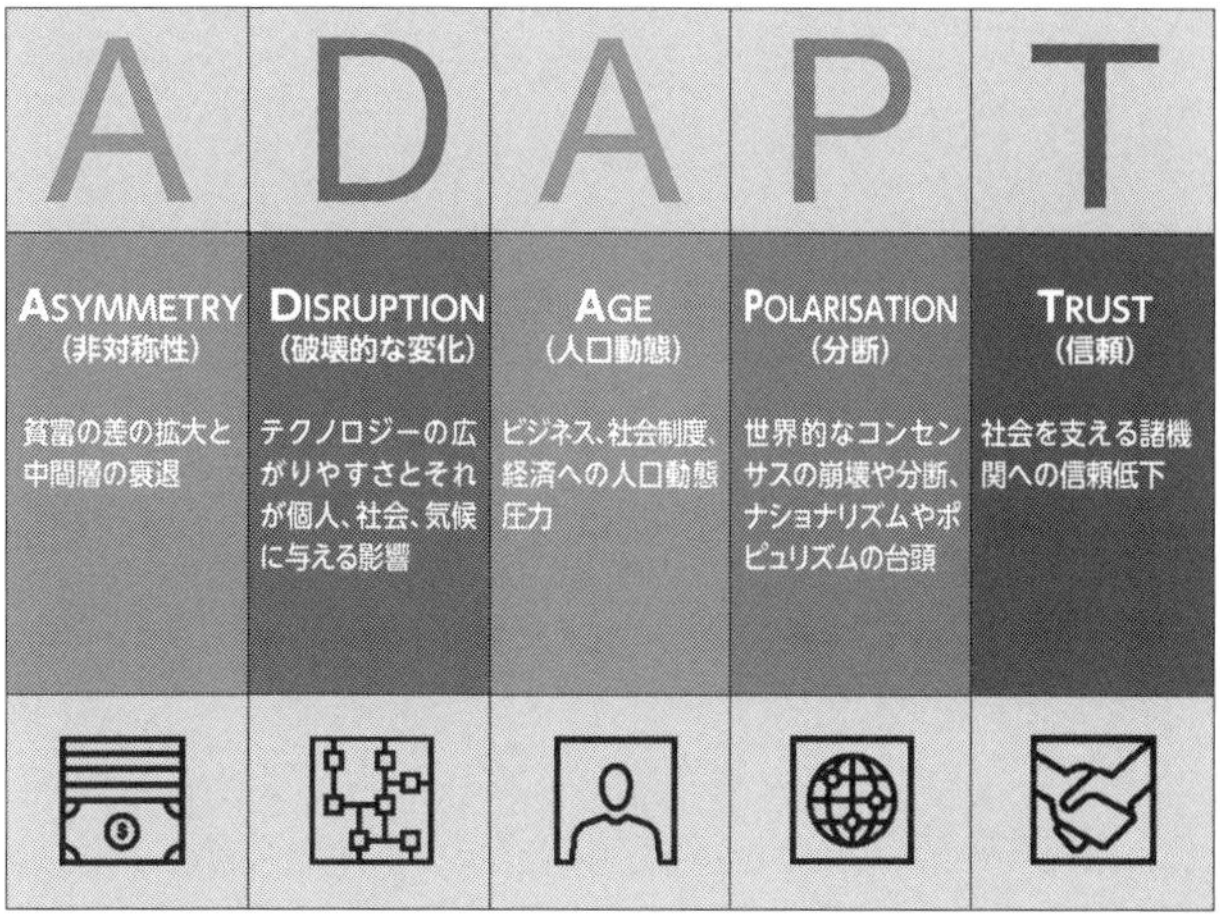

第二次世界大戦後の世界は、きわめて順調に発展してきた。世界銀行によると、現在の全人口は200年前（1820年）に比べて7倍に増えたにもかかわらず、極度の貧困状態にある人々の数は減っている。科学技術が飛躍的に進歩し、物質的な豊かさを手に入れた私たちは生活の質を格段に向上させ、寿命も延びた。

これらはまさに世界史的な偉業だが、第二次世界大戦後、その牽引役となってきた組織・機関の多くが、いま正念場を迎えている。グローバルなレジティマシー（社会的正当性）の危機に直面しているのである。その原因は、以下の基本的な5つの課題と関係している。

・Asymmetry（貧富の差の拡大と中間層の衰退）
・Disruption（テクノロジーの広がりやすさとそれが個人、社会、気候に与える影響）
・Age（ビジネス、社会制度、経済への人口動態圧力）
・Polarisation（世界的なコンセンサスの崩壊や分断、ナショナリズムやポピュリズムの台頭）
・Trust（社会を支える諸機関への信頼低下）

私たちは、これらの課題をまとめて、その頭文字から「ＡＤＡＰＴ」と名づけた。激変する時代の流れに対応して、組織・機関の行動や考え方を「適応させる（adapt）」必要があることを想起していただきたい、という意味でもある。

では、いま各界のリーダーには何が求められているのか。既存の組織や機関をどのように転換する必要があるのか。「ＡＤＡＰＴ」の１つひとつについて、具体的に解説しよう。

【Asymmetry】（貧富の差の拡大と中間層の衰退）

課題としてのAsymmetryとは、貧富の格差と中間層の衰退である。ＯＥＣＤ（経済協力開発機構）加盟国では、中間所得世帯（純所得が中央値の０・75倍から2倍までの世帯）数が１９８８年以降、一貫して減少している。また、世界全体を見ても、全世界の富の45％余りを全成人の１％未満が保有している。

近年、こうした経済的な非対称性が加速してきた要因は、主に2つある。１つは、グローバル化と自動化によって高賃金国から低賃金国へと生産がシフトしたこと。もう１つは、株主（投資家）が得る富が増大したことである。国際労働機関の分析によると、高所得国52か国では、１９９９年から２０１５年までの間に平均労働生産性が約17％向上したにもかかわらず、実質賃金は約13％しか伸びていない。

貧富の格差の拡大や中間層の衰退は、人々から希望を奪う。実際、その傾向が顕著にあらわれているアメリカの農村部では、ここ数年、過剰飲酒率や薬物過剰摂取率、自殺率が増加し、それにより全国の平均寿命が低下した。

このように非対称性の影響は大きいが、そのわりにグローバルなビジネスリーダーたちはあまり問題意識を感じていないように思える。その理由は、おそらく経済的な価値を測定する方法にある。国家の場合は「ＧＤＰ（国内総生産）」、企業の場合は「株主価値（１株当たり利益）」という指標である。

この２つの指標への依拠が、経済的な成功に対する私たちの理解を歪ませてきたのではないだろうか。平均成長率を全体的な視野からしか捉えないため、その背後にある格差が見えないのである。

【Disruption】（テクノロジーの広がりやすさとそれが個人、社会、気候に与える影響）

当然ながら、テクノロジーディスラプション（破壊的な変化）には功罪両面がある。医療や材料科学、エネルギー生産、情報技術の進歩は、その顕著な功績だろう。それにより生み出された富によって、現在の私たちは１９００年代初めには想像もできなかったような豊かな生活を手に入れた。

反面、深刻な影響も及ぼしている。自動化によって労働者が仕事を失うケースは、その典型だろう。また、多くの企業も例外ではない。クレディ・スイスによると、Ｓ＆Ｐ５００企業の平均寿命は、１９５０年代の60年余りから、いま20年未満へと低下した。

そうした意味で、現在の私たちがテクノロジーディスラプションの影響に対処するためには、これまでよりはるかに多くの資金と時間、知識などを費やして、グローバルな労働力のスキル育成に取り組む必要がある。また、政府や企業に求められる能力を正確に把握しながら、これまで縁がなかった人々をも取り込むような生涯学習の文化を醸成するべきだろう。その過程では、政府と産業界、そして学界を1つにまとめるような連携が生まれるのではないだろうか。

【Age】（ビジネス、社会制度、経済への人口動態圧力）

いま、世界の国々は日本や中国、ロシア、西欧諸国などの「高齢国」グループと、インドやサウジアラビア、そしてアフリカや中南米の新興国を含む「若年国」グループに大別される。医療保険支出の増加など、高齢化に伴う深刻な問題を抱える前者では、現行の労働力政策と年金制度の維持に苦しんでいる。

一方、後者の課題は若年層に提供すべき教育と雇用の機会を確保することである。そうした国々は、今後10年間に年間数十万人分以上の雇用機会を創出しなければ、住居さえ持てず、支援も受けられない人々であふれてしまうと予想されるが、その実現はすでに難しい。しかも、今後、ＡＩの導入などにより製造現場の自動化が進むと、これらの国々が韓国や中国のように低賃金を武器に製造業を活性化させることはできないだろう。

このような高齢者と若年者の人口急増によって高まる緊張は、「従属人口指数」と呼ばれる指標で表すことができる。これは、働くことができず、経済的な支援を必要とする人の割合とも言える。現在、この数字はすでに１９５０年の水準を大幅に上回っており、過去に例を見ない速さで上昇を続けている。

【Polarisation】（世界的なコンセンサスの崩壊や分断、ナショナリズムやポピュリズムの台頭）

賃金の伸び悩みが何年も続き、国民の大部分を占める中間層が生活レベルの低下を余儀なくされるようになると、将来への不安が高まる。同時に、一部の限られた人に巨額の富が集中する状況が明らかになれば、人々は社会の不公平を感じ取り、政治的リーダーに厳しい目を向けるようになる。そうした不透明感や不公平感は、やがてポピュリストやナショナリストへの期待に変わるだろう。彼らだけは、自分の声を聞き届けてくれるのではないかと思えてくるのである。

ヒト、モノ、カネ、そしてアイデアが国境を超えて自由に行き来することで実現する投資やイノベーションは、ポピュリズムが好む、ある種の「閉鎖した世界」では行われにくい。また、そうした世界ではグローバル企業が何十年もかけて築き上げてきた国際的なサプライチェーンを継続することも難しいだろう。資本主義のダイナミズムを維持し、発展させていくためには、気候変動によって生じるさまざまな災害の防止や人口問題への対処策としての移民政策問題など、いくつかの重要な課題を解決することが急務だと言えよう。

【Trust】（社会を支える諸機関への信頼低下）

さまざまな電子メディアの登場により情報が氾濫するいま、既存の組織・機関に対する人々の不信は、世界的な現象となっている。２０１９年の「エデルマン・トラストバロメーター」の調査では、いわゆる知識層（25～64歳で、大卒以上。世帯収入が各国の同世代上位25％以内）とそれ以外の人々の間で、既存の組織・機関に対する信頼度が大きく乖離している実態が明らかになった。

日常的にニュースに接する機会の多い前者が社会制度に対しても肯定的な見方をする傾向にあったのに対して、後者は非常に懐疑的であったのだ。全体で見ると、既存の社会システムが自分たちのために機能していると感じているのは、世界の全人口の約20％にとどまった。

では、どうすれば組織・機関が人々の信頼を回復することができるのか。その方策は、おそらく容易には見つからないだろうが、前出の「エデルマン・トラストバロメーター」の調査は私たちにいくつかのヒントを与えてくれる。

例えば、その調査では全世界で75％の回答者が自身の勤務する企業を信頼すると答えていた。これは、メディア（47％）や政府（47％）、ビジネス全般（56％）、非政府組織（56％）に対する信頼度を大きく上回る数字である。そして、勤務先企業を信頼すると回答した人の多くが、企業を社会的変化の触媒であると認識している。つまり、企業が困難な状況に直面したとき、そのリーダーが適切に対応して困難を克服することを人々は期待しているのである。組織・機関が有能であり、公共の利益のために貢献していると人々に認められることが、信頼回復への道筋と言えよう。

＊

世界中の企業は、COVID-19によりこれらの課題への対応を急速に迫られている。その際、今回のルールチェンジで生じた不具合への修復にとどまることなく、今後絶え間なく訪れるであろう社会的変化に対応できる柔軟性を保持しておくことが重要である。この後述べていく次世代型ＤＸの考え方は、環境変化に柔軟に対応できる体質改善をするために据えておくべきものがあるかを総点検できることを意識してまとめあげたことを、改めて述べておきたい。

◉目次◉

第 1 章

DXの全体像と
日本企業のチャレンジ

1.1 日本でのＤＸの現状

日本企業のＤＸへの取り組みは遅れているとよく言われる。２０１８年に経済産業省が公表した「ＤＸレポート」においても、既存システムの老朽化、複雑化、ブラックボックス化や、ビジネスプロセスの刷新を伴うことによる現場の抵抗、そして、既存システムの運用、保守に資金、人材が割かれていることなどが原因で、デジタル化が進まない企業は少なくないとしている。

その一方で、早くからこれらの課題に対して組織的に取り組み、デジタル技術を活用し新たなビジネスモデルを創出している先進的な日本企業が存在することも事実であるが、まだほんの一部である。

日本ではここ数年ＤＸが遅々として進んでいなかったが、COVID-19を受けて一部で急激に動き出してきており、これからの動向が注目される。ＰｗＣが実施したグローバル調査結果をもとに、日本企業が真のＤＸを実現し、「デジタルチャンピオン」になるために避けて通ることができない課題とは何なのか、見ていくことにする。

「デジタルチャンピオン」とは何か

ＰｗＣが言う「デジタルチャンピオン」という考え方について解説するには、２０１１年、ドイツ政府が掲げたインダストリー４・０に遡る必要がある。インダストリー４・０とは、ＩｏＴを用いて製造業のデジタル化を目指す、官民一体による産業政策の一環として打ち出されたコンセプトだ。

当初、日本ではインダストリー４・０への関心はさほど高くなかったが、２０１７年に経済産業省がドイツ情報通信見本市（ＣｅＢＩＴ）の場で、日本の産業の将来ビジョン「コネクテッドインダストリーズ」を掲げてからは流れが一変する。ＩｏＴなどのデジタル技術を用いて顧客が抱える問題を解決する新たなソリューションを提供すること、そして、デジタル技術を製造業のリアルな現場に適用し、技術革新や生産性向上を可能にする人材育成を図ることが重要であるという認識が一気に進んだのだ。

インダストリー４・０は、機械やプロセス単体の自動化ではない。デジタル製品・サービスを提供し、連結された物的資産とバーチャル資産のオペレーションを行い、全オペレーションと社内活動の変革・統合を図り、対顧客活動の最適化を図ることが本質だ。デジタルオペレーションは、世界中の製造業各社の課題といっても過言ではない。

インダストリー4・0をマスターするには、協業のあり方について深く理解した上で経営陣がコミットし、明確な戦略を描かなければならないが、この大胆な変革を受け入れ、デジタルオペレーションの恩恵を受けるまでに態勢を整えた企業はまだ少数派だ。その少数派の選り抜きの企業を私たちは「デジタルチャンピオン」と呼んでいる。

企業のデジタル化の進展度合いを定量的に測定

グローバルで見た場合、「デジタルチャンピオン」は現状、どれぐらいの割合なのだろうか。日本企業の中から「デジタルチャンピオン」はすでに生まれているのだろうか。

PwCでは、デジタルオペレーションの成熟度で企業をランク付けするための指標を作成すべく、2018年に『グローバル・デジタル・オペレーション調査』を実施した。調査対象国は26か国、全1155社。サンプルには、日本企業が100社、またインダストリー4・0を最初に提唱した国であるドイツの企業も104社含まれている。

調査を実施するに際して、PwCでは企業のデジタル化の進展度合いを定量的に測定し、デジタルオペレーションの面で優れた企業とその特性を特定するための指標として、「デジタルオペレーション成熟度指数」を開発した(図表1-1-1参照)。

この指数は、「新テクノロジー導入」と「デジタルエコシステムの成熟度」「デジタル文化」の３種類に分けられる。「新テクノロジー導入」は、ＡＩ、産業ＩｏＴ、製造実行システム、ＲＰＡ（ロボティック・プロセス・オートメーション）といったデジタルドリブンな企業を実現するために中核となる新規テクノロジー導入に関する指数だ。

２つ目の指数である「デジタルエコシステムの成熟度」は、社内外のパートナー企業を網羅するサプライチェーンの統合度合いや社内外の工場を含むコネクティビティの発達度合い、さらにはデジタル技術を活用した事業モデル基盤の発展度合いなどの切り口で評価している。

３つ目の指数「デジタル文化」とは、経営者のビジョンや企業における働き方、人材確保と研修への取り組みなどのデジタル化を促す仕組みが企業の組織や文化にどれだけ根付いているかを評価する指数である。

成熟度指数の計算方法は「新テクノロジー導入」と「デジタルエコシステムの成熟度」がそれぞれ最大40点、「デジタル文化」は最大20点とし、合計点数でデジタルオペレーションの成熟度を表した。３つの観点から企業の現状を評価し、１００点満点でわかりやすく指数化したものだと考えると理解しやすいだろう。なお、すべてが自己評価による採点である。

図表1-1-1　デジタルオペレーション成熟度指数の測定方法

デジタルオペレーションの成熟度

新テクノロジー導入	デジタルエコシステムの成熟度	デジタル文化
人工知能（AI）	デジタル売上のシェア（構成比）	経営陣のビジョン・ロールモデル
インダストリアルIoT（IIoT）	デジタルエコシステムの進捗度	デジタルな顧客体験
製造実行システム	エコシステム基盤	従業員の適格性
ロボット／ロボティック・プロセス・オートメーション	水平統合	研修への投資
仮想／拡張現実	垂直統合	フラットな組織構造・アジャイル（機敏）な働き方
製品・資産のデジタルツイン		2人1組の連携、学習グループ
予知保全		イノベーション・多様な部門の出身者で構成されるチーム
統合されたエンド・ツー・エンドのサプライチェーン計画策定		失敗を前向きに評価する文化
ブロックチェーン技術		外部専門家のパートナー

デジタルオペレーション成熟度指数の計算方法

新テクノロジー導入	最大40点
デジタルエコシステムの成熟度	最大40点
デジタル文化	最大20点
デジタルオペレーションの成熟度指数	=100点

	獲得スコア	分類結果の名称
DC	75-100	デジタルチャンピオン
DI	50-74	デジタルイノベーター
DF	25-49	デジタルフォロワー
DN	0-24	デジタル初心者

出所：2018年グローバル・デジタル・オペレーション調査

デジタルチャンピオンは少数派

成熟度指数の獲得スコアによって、私たちは75～１００点をデジタルチャンピオン、50～74点をデジタルイノベーター、25～49点をデジタルフォロワー、0～24点をデジタル初心者に分類した。

ハイスコアを獲得したデジタルチャンピオンとは、新たな技術を用いて社内外のネットワークを網羅するバリューチェーンを高度に連結させ、新しいやり方で顧客に対して価値を生み出し、新しいケイパビリティを獲得するために多大な投資を行うことでデジタル文化を構築している企業だ。デジタルドリブンな企業運営や業務オペレーションのコンセプトを包括的に具現化している企業とも言い換えられる。

当時、この調査結果からいくつもの興味深い実態が浮かび上がった。

１つは、グローバルで見るとデジタルチャンピオンはわずか10％にすぎないということだ。テクノロジーが進展し、デジタル化が急速な勢いで進んでいるにもかかわらず、ＤＸを成し遂げたデジタルチャンピオンはまだ少数派にすぎない。世界の製造業企業の多くは、デジタル化を何とか進めているところか、まだ始めていない。

ちなみに、当時、最もデジタルチャンピオンの数が多い業界は自動車業界と電気機器業界であり、自動車企業の20％、電気機器企業の14％が市場や設備全体で革新的なソリューションを実行している。その一方で、装置産業や消費財、産業財業界におけるデジタルチャンピオンは非常に少ない。

デジタル化をリードしていたのがＡＰＡＣ（アジア太平洋地域）だったことも新鮮な驚きだ。デジタル化をリードしているのは常に米国、あるいはドイツ。そんなイメージが先行しているが、調査結果から言えば現実はそうではなかった。

ＡＰＡＣではデジタルチャンピオンの比率が19％だったのに対して、米州（南北アメリカ）は11％。ＥＭＥＡ（ヨーロッパ、中東およびアフリカ地域）にいたっては５％の割合しかない。ＡＰＡＣの企業は、他の地域の企業に比べて非常に速いペースでデジタル製品やデジタルサービスを導入している。この地域では、若くテクノロジーに精通した企業幹部がデジタル技術を活用したいと熱意を持って事業を進め、労働力の需給ひっ迫により賃金が上昇し、経済成長による物価上昇が製造コストを押し上げる中で、各企業が競争力を維持するために、最初から主要オペレーションプロセスをデジタル化せざるを得なくなっている。こうした環境がＡＰＡＣのデジタルチャンピオン比率を押し上げたようだ。

日本企業はＤＸのビジョン、戦略が欠如

さて、日本はどうであろうか。調査時点で、デジタルチャンピオンは18％と、グローバルの10％を大きく上回るが、その押し上げている要素が重要だ。日本のデジタルオペレーションの成熟度の内訳を見ると、「新テクノロジーの導入」が飛びぬけて高い。１００点満点で換算すると70点となり、グローバル平均の50点を大きく上回る。一方、「デジタルエコシステムの成熟度」は45点、「デジタル文化」に至っては38点と高くはない。日本のＤＸは技術先行型となっている。「新テクノロジーの導入」だけではビジネスモデルの変革をもたらすＤＸとは言えない。新テクノロジーに加え、デジタルエコシステムによるダイナミックなビジネス変革と、それを可能とするデジタル文化のバランスが重要である。

また、日本のデジタル技術への投資により見込まれる収益増加やコスト削減に対する期待値は、グローバル平均よりも低い。これは、どのようなビジョンのもとで、どのような目的でＤＸを導入しているのかが不明確で効果への期待が曖昧となっているためで、日本の場合、デジタルチャンピオンにおいても、このような課題を抱えていると言えるのではないだろうか。

自前主義に陥り、デジタル文化を醸成できていない日本

日本企業は「デジタルエコシステムの成熟度」の評価視点の1つである事業モデル基盤において、他社がその上にデジタル事業モデルを構築できるようなオープンな基盤、例えば、建機メーカーなどが産業プラットフォームとして展開している測量、設計、施工、検査といった全建設工程の情報を一元管理するクラウドサービスなどが該当するが、そこへの注力度は低かった。商品やサービスを集めた場を提供し、デジタル技術を用いて顧客体験を革新し、囲い込みを図るＧＡＦＡのようなデジタルプラットフォーム事業モデル構築を苦手とする日本企業の現状を映し出す結果と言える。

もっとも、この項目が低いのは日本企業ばかりではない。ドイツもオープンな基盤への注力度合いは低いが、スマートファクトリーの拡大も含めてこれからさらなる発展がうかがえる。

デジタルを活用した改革を実現化するための企業文化や組織体制も日本企業の弱点と言えそうだ。日本とドイツ、グローバルを比較すると、日本企業は、多様な部門の人材を集めたチームの存在や、開発における失敗の受容度、専門性を持つ外部企業とのパートナーシップの点でグローバル平均を大きく下回っており、２０１８年当時から低かったことが

うかがえる。逆にドイツ企業は、グローバル平均を上回った。新テクノロジーの導入やデジタルエコシステムの成熟度とは対照的な結果である。

図表１－１－２を見ていただきたい。さて、この結果をどう見るか。まとめると、日本企業は自社の技術力への依存から自前主義に陥り、部門間の壁の大きさから新規事業部門が他部門の持つ資産やノウハウにアクセスすることができずに孤立化していると言えるだろう。

失敗することが推奨されない企業文化も足を引っ張っている要因だ。新規事業の開発が遅々として進まないことに悩める日本企業は多いが、この結果からもわかるように、原因の多くは「デジタル文化」の弱さに起因している。

スマートサービス化（ＩｏＴでつながった製品から得られる大量のデータ分析によって生み出される新たなサービス提供）の面で劣勢に立たされているのも、日本企業のデジタル文化構築の遅れによるところが大きい。

イノベーションを推進する出島型・特区型組織の勧め

まとめると、日本企業はＩｏＴセンサーを通じて収集できる膨大なデータを分析し、オ

図表1-1-2　デジタルトランスフォーメーションを実現化する企業文化：日本vs.ドイツvs.グローバル

質問「貴社の企業文化と組織体制は、どうデジタルトランスフォーメーションを実現化しているか（当てはまるものを全て回答）」

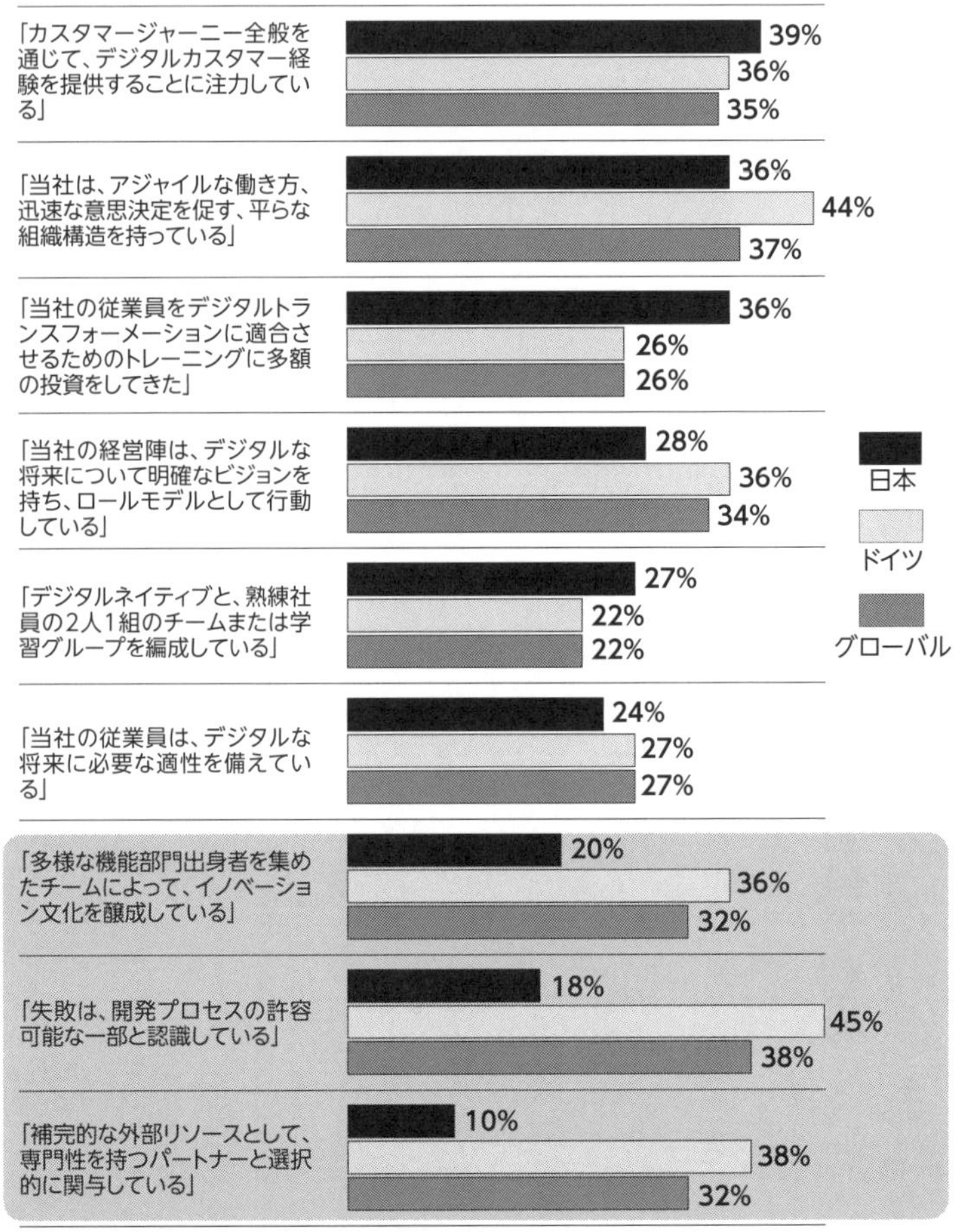

注：対象企業数は日本が100社、ドイツが104社、グローバル全体で1,155社

出所：2018年グローバル・デジタル・オペレーション調査、PwC Strategy&分析

ペレーションの最適制御に活かすための新規テクノロジーの導入には積極的だ。自社の工場を超えて取引先を含むバリューチェーン全体の見える化を達成する試みにおいても、世界で先行していることは間違いない。

サプライヤー間も含めてバリューチェーン横断で情報流を確立して産業全体の最適化を図ることを目指すインダストリー４・０型の革新を推進する企業にとっては、川下ユーザーのＩｏＴ製品の利用状況データを獲得することによって、川下ユーザーにとってより最適なものとは何かのフィードバックをかけてサービス・商品を変えていったり、川下ユーザーの業務の一部を代替していったりするのは、正当な進化であり当然の流れである。だが、日本企業はパートナー企業とつながることで収益化を図るオープンな事業プラットフォーム基盤の創出や、ＤＸを推進していくための企業文化や組織構築に関してはドイツ企業の後塵を拝している。オープンな事業プラットフォームの前提となるデータ活用・蓄積基盤の整備が遅れており、今後の対応においてもボトルネックとなりかねない状況が散見される。

ビジネスモデルや産業全体でのＤＸを推進する上で、日本企業に求められているのは何か。

１つ目は、自社とつながることで顧客は本当にメリットを得られるのかという視点である。ＩｏＴデバイスで自社とサプライヤー、チャネル、顧客をつないだからといって利益が生まれるわけではない。顧客の利益を持続的に向上するためには何が必要なのか。そうした本質的な理解がなければ、スマートサービス化から対価を得ることは難しい。顧客とつながるためのデジタル投資を正当化することもできないはずだ。

２つ目は、日本企業に求められる点があるとすれば、社内の既存の制度から切り離した出島や特区のような組織・ルールを作り、そこに権限とリソースを与えた上でイノベーションを推進する役割を担わせる施策である。失敗に対する許容度が低い企業文化の中で、人事制度を持つ既存組織がサービス設計・実行を主導すると、一定数の顧客が新たなサービスのメリットを認識し対価を支払う前に取り組みが頓挫する可能性が高い。こうした事態を回避するための存在が出島型・特区型な仕組みだ。当然、中期的には、そこにとどまることなく、全社レベルで拡大・浸透していくのが望ましい。

本来日本企業のものづくりにおいて、機能・性能面を追求するケイパビリティは非常に高い一方で、経済性を無視した過度なサービスや仕様の追求に陥るケースも見られる。上述の出島型・特区型の取り組みにおいては、実現する機能に対し顧客価値から見たシビアな投資判断が前提となることを加えておきたい。

ＩｏＴでつながった環境で収集する稼働情報など、重要データのセキュリティ確保に対する日本企業の懸念は、スマートサービス推進のボトルネックになりやすい。この組織には新サービス構築という「攻め」の機能だけでなく、サイバーセキュリティ対策を担える人材を登用し、「守り」の機能を持たせることもぜひ推奨したい。

1.2 デジタルインパクト、ＤＸの根底にあるビジネスモデル変革

ＤＸとは何か

あらゆる産業にＤＸの波が押し寄せている。ＩＴとの親和性が高い商品やサービスを扱っている企業はもちろんのこと、ＩＴと関連性の低い商品やサービスを扱っている企業も、自身のビジネスモデルのデジタル化を検討・模索している。

ＤＸを論じるにあたって、「デジタイゼーション（≒システム化）」と「デジタライゼーション」についての区別をまずはっきりさせておきたい。デジタイゼーション（Digitization）とデジタライゼーション（Digitalization）は混同されがちだが、意味するところは大きく異なる。前者は、デジタル技術を用いることで既存の工程の効率化を図ることだ。これまでできなかったことを可能にする、あるいはコストの削減や付加価値の向上を実現することを意味している。

このデジタイゼーションと似た意味で使用されるのがシステム化という言葉である。シ

ステム化とは、デジタル技術を使ってビジネス上の要請や課題を解決することを指す。求められるのは課題への実直な対応であり、他社に劣後しない技術やソリューションの活用だ。システム化はビジネスの維持や継続支援を目的として実行される。

一方、ＤＸを実現する上で展開されるデジタライゼーションとは、デジタル技術活用による課題解決にとどまらない。デジタル技術を利用してビジネスモデルを変革し、新たな利益や価値を生み出す機会を創出することを指す。自社や外部の環境、ビジネス戦略面も含めて長期的な視野でプロセス全体を見直し、ビジネスモデルそのものを変革して新たな価値を提供することがすなわちデジタライゼーションである。

社会変化的にはデジタイゼーションはすでに先行して起きている。業務を安定稼働させるためにコンピュータシステムが生まれ、その後、コスト抑制を主な目的としてＩＴが進化を遂げた。デジタライゼーションとはその先に来る概念だ。

デジタライゼーションに求められる要素を挙げてみよう。まずは課題解決のための創造的なアプローチが欠かせない。ユニークな技術活用やデジタル経験の提供も必要だ。真のデジタル化はビジネスパフォーマンスを加速させ、新たな事業価値の創出へと導いていく。地政学リスクやパンデミックなど事業の基盤となっている社会環境が、突然、大きく変化する不透明な現状で企業が目指すべきものは、デジタイゼーションでもなければ、単なるシステム化でもない。クライシスマネジメントの直後から、新たな世界観に適応するためのデジタライゼーション施策を発動し、ビジネスモデルを抜本的に変え、時に、これまでにない産業構造を生み出しながら、貪欲に成長を果たしていく。それがＤＸの本質だ。

では、ＤＸの定義を明らかにしておこう。

経済産業省のデジタルトランスフォーメーションに向けた研究会では、「企業がビジネス環境の激しい変化に対応し、データとデジタル技術を活用して、顧客や社会のニーズを基に、製品やサービス、ビジネスモデルを変革するとともに、業務そのものや、組織、プロセス、企業文化・風土を変革し、競争上の優位性を確立すること」となっている。

DXの3つの目的関数

企業はこのようなＤＸにより、何を実現しようとしているのだろうか。企業によってＤＸの目的関数のセットの仕方はそれぞれであるが、大きく3つの目的があると考えている。

1つ目は、モダナイゼーション型である。ＩＴや業務の効率化・高度化にとどまらず、業務プロセスそのものや働き方、経営スタイルを含めた事業運営基盤を作り変えていくケースである。例えば、直感と経験のみに頼るのではなく、データに裏付けられた客観的な根拠に基づいた経営判断を行うデータドリブン経営への変革などが該当する。新しい経営モデルに合わせて人々の動き方や仕事の仕方を変えて、新しい働き方を作り上げていくのだ。不透明な環境下での経営の舵取りの難しさを考えると、社会レベルの予期しない変動が起きたとしても、それに対して柔軟に対応できる、つまり、残すべきものは残し、大きく変革すべきものを変革することができるリーン（均整の取れた）な経営基盤を作り上げるのである。

２つ目は、戦略型である。既存のさまざまなビジネスが、破壊的技術により新しいビジネスモデルによってディスラプト（破壊）されていく事例は枚挙に暇がないが、ビジネスモデル変革を含めて、戦略的にデジタルを使ったトランスフォーメーションを進めるケースである。

例えば、小売りなどの店舗ビジネスを展開する企業が、顧客の購買行動が実店舗からＥＣに急速に移行する中で、店舗とＥＣサイトの情報を一元管理するオムニチャネルを導入し、カスタマーエクスペリエンスの向上を図るケースなどが該当する。顧客視点にこだわり徹底的にバリューチェーンやプロセスを見直したり、プラットフォーム型のビジネスモデルに変換したり、また、それらを通して価値の源泉を見直し、再定義するというのが、主なＤＸのポイントである。

3つ目は、全社変革型である。これは、時には事業ポートフォリオの変革を含めて、全社およびグループ全体での事業基盤を作り直していくという壮大な取り組みである。ここでは人のスキルトランジットの問題もポイントとなる。デジタル化というよりトランスフォーメーション自体に重きがあり、チェンジマネジメント要素が強い。全社的な取り組みであり、事業目線だけでなく、コーポレートの間接機能部門の集約化や統合化等を含めた事業プラットフォームの作り変えも行われる。未来投資の前倒しといった要素も含まれる。

これら3つの目的関数は排他的ではないが、企業の置かれた状況や方針によって3つのバランスは異なる。目的によって、デジタル施策と成功のカギは変わってくるため、バランスを取りながら成功のカギを生かしていかないとトランスフォーメーションはうまくいかない。

共通して言えるのは、デジタルビジョンやデジタルストーリーという将来像を描き、大きな目的に向かって、個々のデジタル施策を同じ方向に、かつ、連携しながら進めていくことが重要ということである。日本企業は技術先行だが、その技術を用いてDXを推進する際には、この目的関数を定めて、どこを目指すのかを明らかにすることが大切である。

DXを引き起こしている破壊的技術

ＤＸは目的関数にかかわらず、テクノロジーをドライバーとした変革であるが、具体的にどのようなテクノロジーにより引き起こされているのだろうか。ＰｗＣでは、２５０以上の新興テクノロジーのビジネスへの影響と商業的な実用可能性を分析し、ＡＩ（人工知能）・ＩｏＴ（モノのインターネット）・ロボティクス・ブロックチェーン・ドローン・３Ｄプリンタ・ＡＲ（拡張現実）・ＶＲ（仮想現実）の８つのテクノロジーを、〝Essential Eight〟と定義している。これらのテクノロジーは、あらゆる業界のビジネスにとって最も重要なコアテクノロジーであり、すべての企業がいますぐに検討しなければならないテクノロジーの構成要素であると考えている。

これらのテクノロジーをどのように活用し、どのように組み合わせるかは企業によって異なるが、これらのテクノロジーはビジネス、従業員、顧客にボーダーレスで大きな影響を与えることになるだろう。例えば、ＡＩによる翻訳精度の向上は言語の壁を取り払い、企業は容易にグローバルの市場・顧客にリーチできるようになり、従業員もまた、世界中のどこの企業でも働くことができるようになるかもしれない。

５Ｇは、高速大容量、高信頼・低遅延、多数同時接続を可能とする移動通信技術であ

図表1-2-1　The Essential Eight

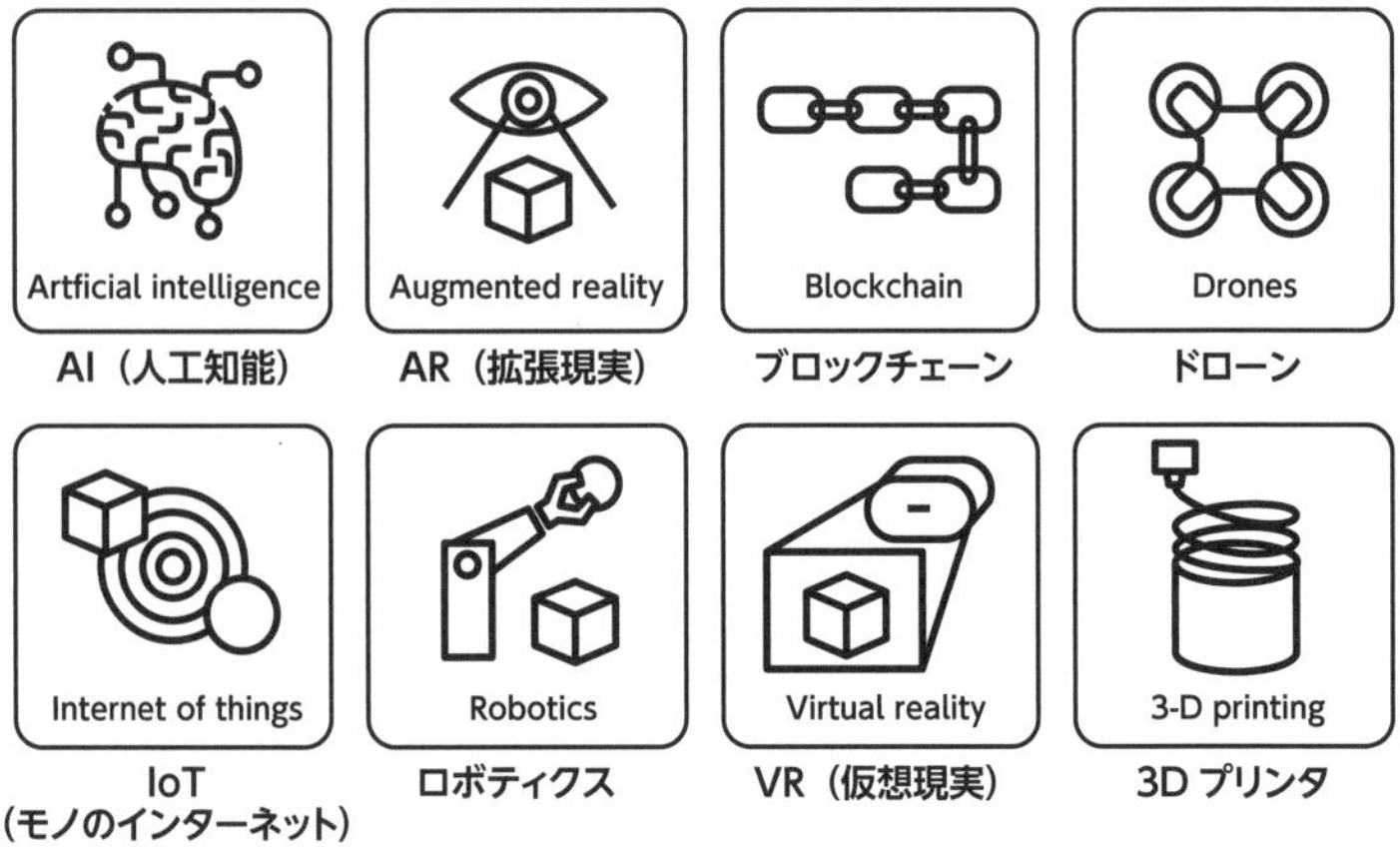

出所：PwC Emerging Technology（2021年1月時点）

り、例えば、ドローンの自動操縦における衝突回避などは、5Gを前提にすることで活用シーンが広がる。このように5Gは、この8技術を下支えする基盤技術と位置づけられる。これらが組み合わされることにより、「できること」が非連続的に高まり、企業にとってのDXの実現に至る（図表1－2－1参照）。

5Gによって本質的に変わっていく領域として、生産現場、スポーツやエンターテインメント、遠隔医療、農業、物流領域などが挙げられているが、ホスピタリティという切り口も進化の幅が大きい領域である。取得可能な情報量がこれまでとは比べものにならないほど増え、しかもそれが適切なタイミングで、次から次へと収集・分析できるため、より機微に聡い顧客体験（ＣＸ）の提供が可能になる。

　例えば、家族で遊園地を訪れていた子供が、大事にしているおもちゃを落としてしまったとする。あらかじめ獲得できていた家族の属性情報に加え、おもちゃを落としたという事実が映像として認識され、それを悲しんでいる祖父母の様子も捕捉される。これらの情報に基づき、「子供がおもちゃを落としたことで、家族皆が悲しんでいる」という家族のストーリーが組み立てられ、そのストーリーがスタッフに伝わり、落としたおもちゃが短時間で届けられたり、温かい言葉や何か特別のちょっとしたケアが届けられたりするかもしれない。

　５Ｇ以降の時代になると、解析能力の向上も伴い、映像のようにこれまで十分に使いきれていなかった非構造データ群を、「意味を持ったものにつなげる」ことが可能になっていく。今後、あちらこちらでデータの収集と活用が行われ、いわゆるデータ駆動型社会へ一気に進んでいくことが想定される。

　ＤＸでは、「破壊的技術と呼ばれるデジタルテクノロジーを活用しながら、顧客にとってより優れた価値提供ができるようビジネスモデル全体を改善・進化させる」、もしくは「製品やサービスに価値を付加するため、他のプレーヤーとつながることができるプラットフォームを確立する」ことが特に重要だと考えている。以降で登場するが、前者は動画配信サービス、後者はネット通販サイトが成功事例である。

そのため、既存製品やサービスの価値を向上させるだけでなく、「顧客への価値提供の方法と対価の取り方を再形成する」ことを伴うものがＤＸであると説明している。もちろん、こうした目的を実現するために、「基盤となる既存のオペレーションや機能の効率化・高度化、組織運営能力の向上や人材・カルチャーの変革」も同時並行で必要となることは、言うまでもない。

デジタルテクノロジーの進展により、既存ビジネスは驚異的な勢いでディスラプトされ、市場で中心的役割を担っていたプレーヤーがあっという間に姿を消している。しかも、ディスラプトのスピードは速まる一方だ。今後もこうしたデジタルテクノロジーがドライバーとなって、業界の垣根が消え、既存の業界の破壊、もしくは融合が加速度をあげて進んでいくはずだ。この動きがさらに速さを増し、競争モデルが進化すれば、業種の壁を超えたエコシステムも続々と生み出されていくだろう。

デジタル型ビジネスモデルトランスフォーメーションの主要パターン

図表1-2-2　**デジタル型ビジネスモデルトランスフォーメーションの主要パターン**

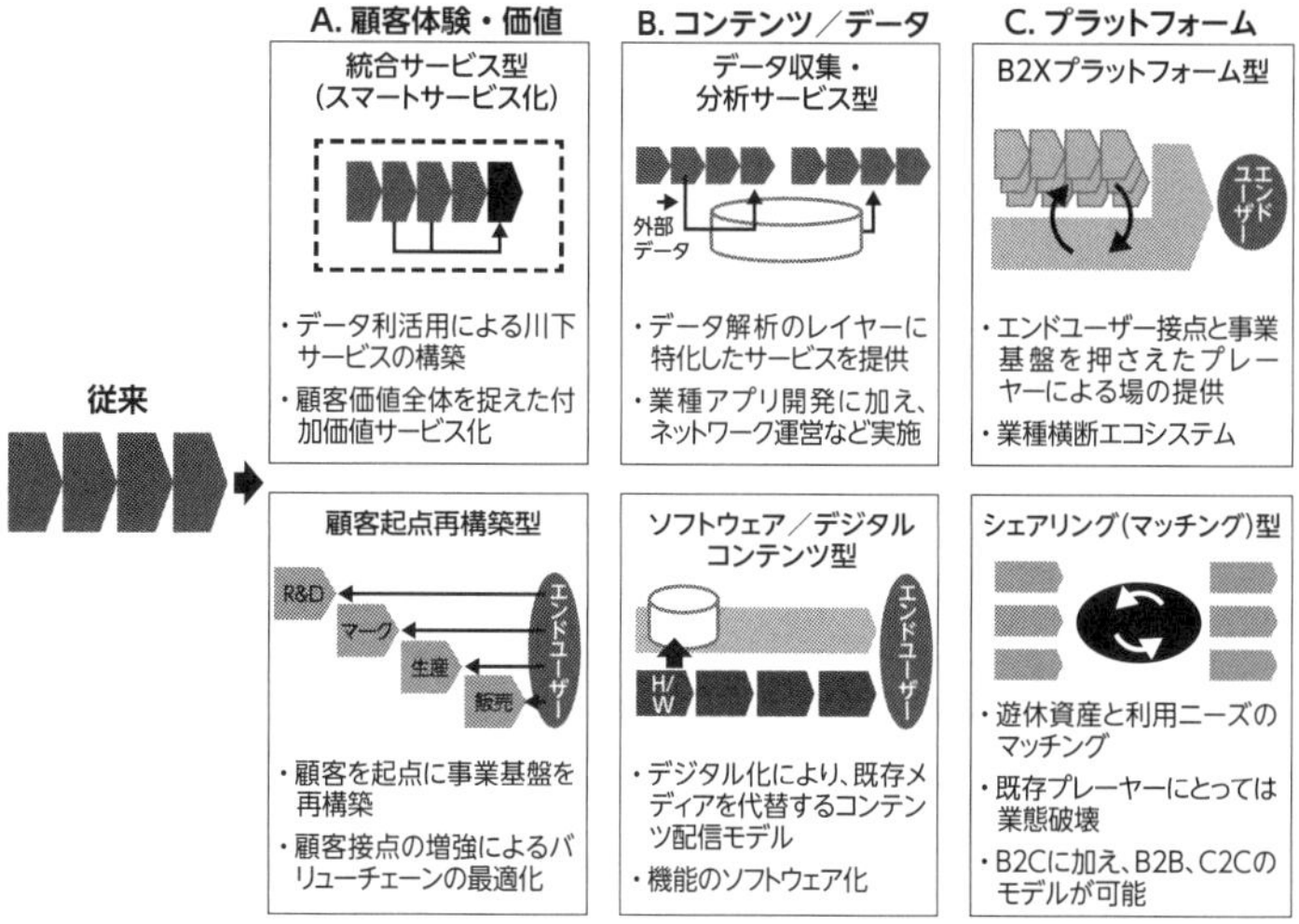

DXの3つの目的関数のどれにも関係してくるビジネスモデルのトランスフォーメーションについても補足しておく。デジタルテクノロジーを活用してビジネスモデルを変換する場合、その変換のパターンは①顧客体験・価値の向上型、②デジタルコンテンツ／データ活用型、③プラットフォーム型の3つに分類できる（図表1－2－2参照）。それぞれモデル変革を通し、コアバリューの再定義を行っている。

1つ目は、顧客体験や価値に重きを置いた「統合サービス型（スマートサービス化）」と「顧客起点再構築型」だ。前者は、データの利活用により川下サービスを構築し、顧客価値全体を捉えた付加価値サービスであり、代表格としては航空機エンジンメーカーが挙げられる。

何百ものセンサーが取り付けられたエンジンからはフライトごとに莫大な情報が得られる。例えば、主翼や尾翼の使い方などパイロットの操縦のクセや傾向をつかむことも不可能ではない。そうした詳細なデータをもとに、同社はフライトごとの燃費計算を行い、ランニングコストを削減するためのサービスを航空会社に提供しているのだ。飛行機を使って空を飛ぶ航空会社に照準を合わせて実施しているサービスは、データを利活用して川下の顧客価値向上を狙う典型的なモデルである。

後者の「顧客起点再構築型」は、顧客を起点に事業基盤を再構築し、顧客接点を増強することでバリューチェーンの最適化を図るトランスフォーメーションだ。

デジタル型ビジネスモデルトランスフォーメーションの2つ目のパターンが、コンテンツ／データを最大限に活用する「データ収集・分析サービス型」と「ソフトウェア／デジタルコンテンツ型」の2つだ（図表1－2－2参照）。

「データ収集・分析サービス型」は、各種データベースや外部情報などを統合し分析するデータ解析のレイヤーに特化したサービスを提供し、ＰＯＳデータを用いた小売業向けマーケティングツールなどの業種アプリ開発に加えてネットワーク運営などを実施している。海外では、データ収集や分析の「型」を確立し、グローバルに展開している企業もある。

「ソフトウェア／デジタルコンテンツ型」とは、デジタル化により既存メディアを代替するコンテンツ配信モデルや機能のソフトウェア化が該当する。世界に多くの有料会員を持つ動画配信サービスを見ると、「ソフトウェア／デジタルコンテンツ型」のパターンがよくわかる。

トランスフォーメーションの３つ目のパターンがプラットフォーム型だ（図表１－２－２参照）。これは、エンドユーザー接点と事業基盤をおさえたプレーヤーによる場の提供や、業種横断エコシステムを作り上げる「Ｂ２Ｘプラットフォーム型」と、遊休資産と利用ニーズのマッチングを図り、Ｂ２Ｃのみならず、Ｂ２ＢやＣ２Ｃへの転換をも可能とする「シェアリング（マッチング）型」に分けられる。

世界的な検索エンジンやネット通販サイトは「Ｂ２Ｘプラットフォーム型」の代表格だが、自動車メーカーもこのパターンに該当する。というのも、顧客情報管理やサプライヤー管理をすべてプラットフォーム化しているからだ。

「シェアリング（マッチング）型」は、一般ドライバーを活用した配車サービスや世界で展開する民泊予約サイトを考えるとわかりやすい。世の中に眠ったままで利用されていない遊休資産に着目し、使われていない時間を必要な人に貸し出すビジネスモデルは当初Ｂ２Ｃからスタートしたが、一般ドライバーの配車サービスも民泊サイトもすでに法人向けの

図表1-2-3　**最適なモデルを追求するために横断で取り組む、バリューチェーンワイドでの強み・弱みの見極めが必須**

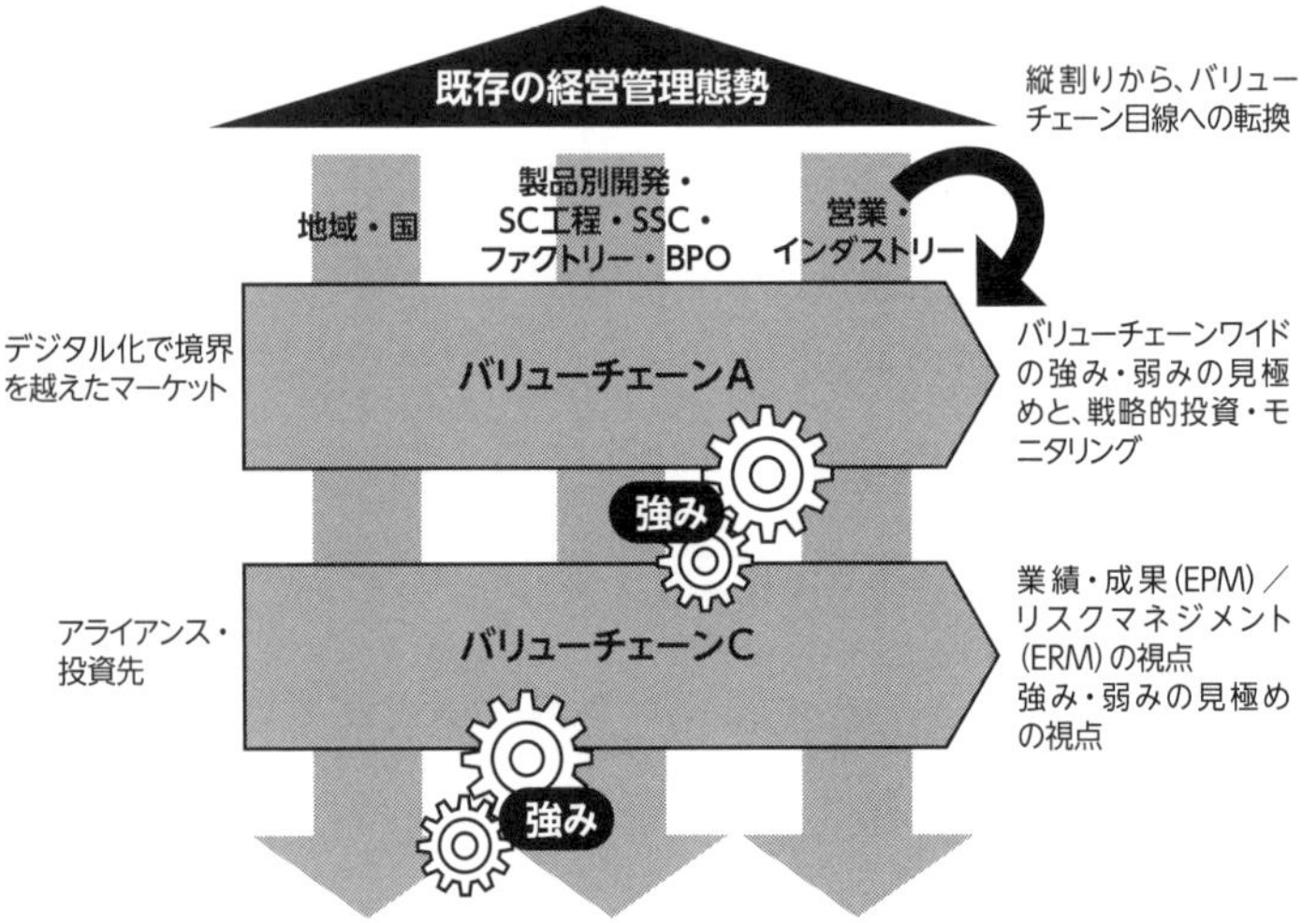

サービスを稼働している。これからはC2Cの「シェアリング（マッチング）型」モデルも可能な選択肢だ。

これらのトランスフォーメーションに共通するのは、デジタルを使ってトランスフォーメーションを仕掛け、新しい戦い方を繰り広げている点にある。根底にあるのはモデル変革だ。データ分析やデジタルツールの導入にとどまらず、経営戦略として、いかにモデル変革を目指していくか。それが実現できてはじめてビジネスモデルはトランスフォームされる。

このようなトランスフォーメーションを考える際、既存の組織構造にとらわれることなく、自社のバリューチェーンを俯瞰し、強みの所在の再確認（再定義）

とともに、全体を最適なものに組み直すことができるかで、勝ち取れる果実が大きく変わる（図表1－2－3参照）。

また、デジタル技術でリフレーミングできる企業内の課題や社会的課題も、モデル変革の起点となる。リフレーミングとは、見方を変え、枠組みを変えることで、根源的な解決策を導き出すことだ。レンズを変えて問題を見直し、本質的に解決すべき問題を捉えることができれば、抜本的な改革につながりやすい。視点を変え、枠組みを変え、いま直面している事態が本当に課題なのかも含めて、再定義を繰り返していくことが重要だ。

1.3 DXの全体設計図

6+2のデジタル化要素

ＰｗＣでは、ＤＸの全体像を６＋２のデジタル化要素で構成されたものと考えている（図表１-３-１参照）。近年、デジタル化に資する先進的な取り組みやソリューションが豊富に語られるようになってきた。しかしながら、全社トランスフォーメーションの視点、ＣＤＯ（Chief Digital Officer：最高デジタル責任者）などの推進リーダーの立場から必要とされる改革全体の設計図に関しては、残念ながら十分とは言えない。この全体像では、企業内の改革要素６つに加え、企業を取り巻く環境として、外側に、政策／規制や産業（横断）／エコシステムといった２つの変数があると考える。実は、この２つより、市場や顧客ニーズといった最も大きな変数も存在するが、企業側が働きかけることが可能なものというより、インプットとすべき要素のため、ここでは強調していない（企業が新しい市場を創造することも可能なため、本来的には、インプットに限った要素ではないが、

図表1-3-1　DX推進にあたっては、戦略の立案から実現に必要なケイパビリティの構築まで包括的な検討が必要

DXを検討する上でのフレームワーク（6+2エレメント）

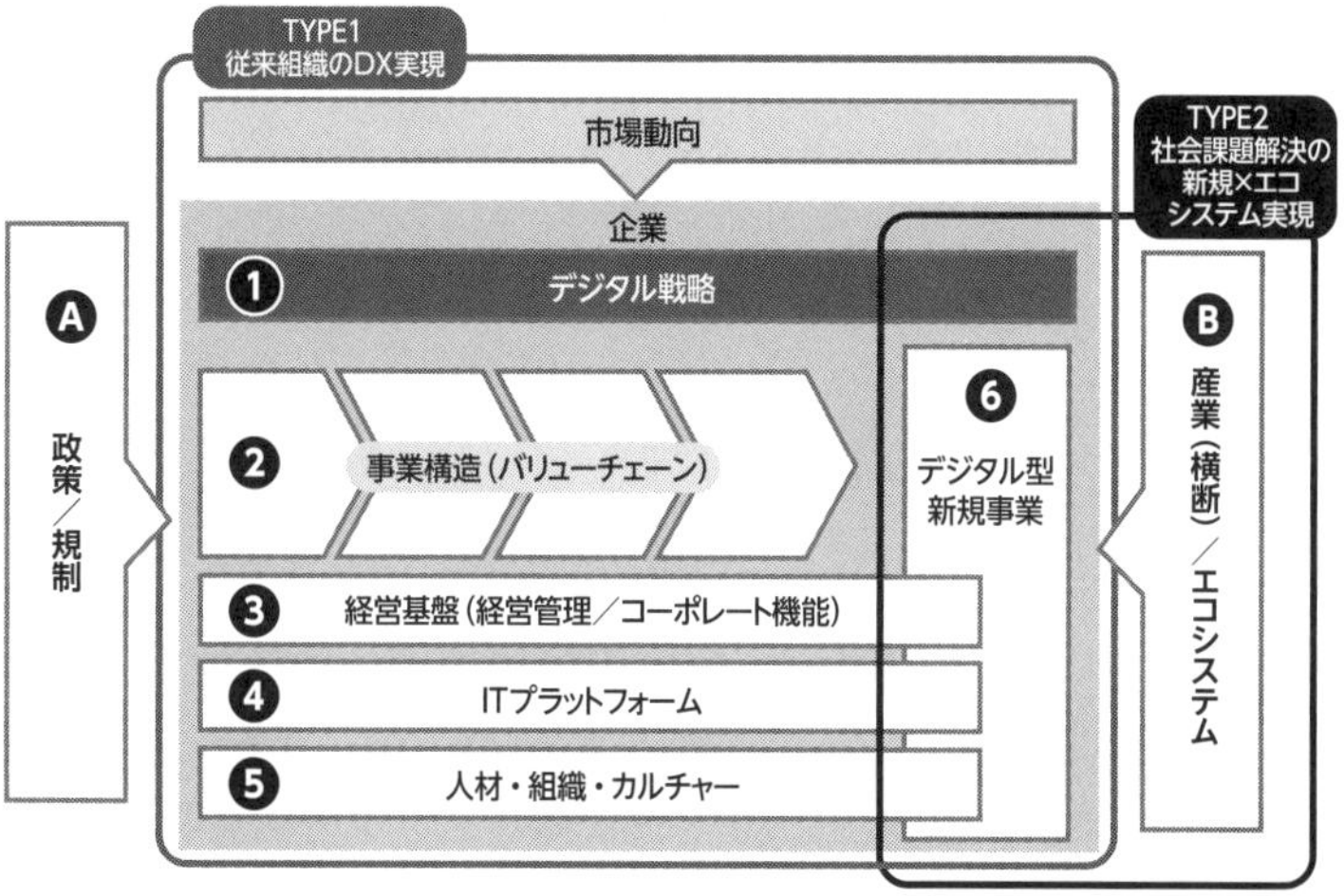

ここでは、そのモデルは6つの企業内変数のほうから語ることとしたい）。

また、これから説明する**「PwCの考えるDX全体像6+2」**の枠組みに関しては、実際には、個々の要素の中で閉じたテーマとして捉えるのではなく、要素間の連携がきわめて重要であり、横断的な視点から連続した打ち手の流れが必要とされる。現実的な変革・進化の進め方としては、必ずしも最初から一気にすべての施策をスタートさせるのではなく、企業の実情に合わせた立ち上げ方があることを明記しておきたい。

DXを構成する1番目の要素は、「**デジタル戦略**」だ。最終的に企業全体が変革・進化した姿、ありたい姿の描き出し

に加え、中期でどのように変革・進化していくかのトランスフォーメーションジャーニーの作り方、そして非常に重要なＫＰＩ（Key Performance Indicator：重要業績評価指標）の定義を意味する。当然のことながら、ＤＸそのものは、ありたい姿を定義するのではなく、経営の意思や全社・事業戦略で定義されたゴールに対し、手段を定義するものとなる。迷走しがちなのは、戦略がない中でのＤＸの推進、逆に、取り組みの具体化や組織や人材の進化が伴っていない改革の提唱など、戦略とＨｏｗ論としてのＤＸがお見合い状態に陥り、何も進まないケースである。ＫＰＩの不在も、同様にやるべきことが定まらない迷走ケースとなる。

２番目の要素が**「事業構造（バリューチェーン）」**だ。顧客との関係や商流を新たに作り直すことは、バリューチェーンやビジネスプロセスの再構築を意味する。

ＤＸの本質は、現行の組織やプロセス、しきたりの呪縛から解き放たれ、顧客価値最大化に向けてバリューチェーン横断で最適化できるか、もしくは、自社の強みを再定義・再設定できるかである。

３番目の要素は、**「経営基盤（経営管理／コーポレート機能）」**のデジタル化であるが、いわゆる、データ駆動型企業への進化といった積極的にデータを活用する経営モデルへの変換である。具体的には、包括的なデータにアナリティクスを活用することで直感と経験を補い、本能的な判断にデータを用いた客観的な根拠を与えることで、データに裏付けられた意思決定によりビジネス戦略を推進する組織への転換である。

また、デジタル化の取り組みは、従来型の予算管理の手法では費用対効果が見えないなどと判断が遅れがちになる。そういった事態を回避し、ＤＸを効果的に進めていくためには、戦略予算の枠を設けるとか、大幅に権限委譲を進めるなど、投資プロセスの見直しも必要である。

4番目の要素は、**「ITプラットフォーム」**だ。経済産業省が２０１８年にまとめた「ＤＸレポート ～ＩＴシステム「２０２５年の崖」の克服とＤＸの本格的な展開～」で語られている通り、ＤＸ実現には、既存のＩＴシステム側の対応が必要となる。

加えて、ＤＸのもう1つの本質であるデータの利活用に向けて、データ蓄積・管理基盤や活用支援機能などの新たなインフラ作りが必要となる。データレイク（多数のソースからのビッグデータを一元的に格納するデータリポジトリ）や、データ連携の仕組み、ＢＩツールの整備など、アナリティクスの高度化に向けたハード面での対応や、データガバナンスやＡＩガバナンスなどのソフト面での強化も必要となる。

さらに、今後、企業価値を測る新たな要素となりうる「デジタルトラスト（デジタル時代において必要とされる信頼）」を実現する仕組み・取り組みは、ＩＴプラットフォームを中心に配置される。具体的には、サイバーセキュリティ、プライバシーセキュリティなど、機能追加に加え、ＩＴアーキテクチャ設計への反映などが該当する。こういったＩＴ領域での対応は、今後、自社だけではなく、取引相手のＩＴシステム対応や、Society5.0で語られる社会システム全体、業界プラットフォームでの対応まで必要となるだろう。

ＤＸの５番目の要素が、**「人材・組織・カルチャー」**である。ＤＸの成功確率は、特にこの要素の実装に大きく依存するといっても過言ではない。事業構造を変えたり、ＩＴの基盤を整備したとしても、動かす人のデジタルスキルが伴っていなかったり、新しいツールを使った働き方やデータを活用してより高度な意思決定を行うようなカルチャーが伴わなければ、結局は、何も変わらず、投資も回収できない。

６番目の要素は、**「デジタル型新規事業」**である。ＤＸのアプローチには、大きく２つの検討領域がある。１つは、既存事業の改革・進化であり、もう1つは、新しい事業体、もしくは、エコシステムを作りに行く活動である。この要素は後者を意味しており、例えば、自動車メーカーが既存の事業をより時代に合った形に変革していくこととは別にＭａａＳ（Mobility as a Service）のサービスを新たに仕掛けたり、通信会社や電気製品メーカーがスマートシティ構築を支援するサービスを展開したりすることである。これらは、既存事業のＤＸとは大きく性質の異なるものであり、いわゆる大企業による新規事業企画・立ち上げである。

前述の、これら６つの企業変革・進化の要素に対し、経営環境として外部から影響を与えるのが、**「政策／規制」**と**「産業（横断）／エコシステム」**の２つである。

金融業界をはじめ、多くの規制産業の大きな構造変化に見るように、政策が変わり規制が緩和されれば、企業の事業構造も変化せざるを得ない。また、デジタルで切り開かれている新しい世界では、産業変化のスピードが非常に高速になっていたり、規制や法整備が先行、もしくはタイミングよく設定されていなかったりする場合も多い。そのため、ビジネスのあり方や業務プロセス、もしくは社内ルールなどを実装するにあたり、各企業の判断にゆだねざるを得ない要素が多くなる。

国や規制領域をまたがるデータの扱い方の難しさもしかるべきである。そのため、産業と行政が協力し合って、「ガイドライン」を作っていく動きも多く見られる。また、新しい世界に対応するための個社ごとのＩＴの仕組みの整備に加え、社会インフラとしての標準化、共通基盤、ガバナンスモデルも成立条件となろう。

産業（横断）／エコシステムは、主に、業種共通インフラの整備や業種横断での社会インフラ構築時に考慮される変革・進化の要素である。ＩＣＴを活用して交通情報収集と制御のシステムをクラウド化し、すべてのモビリティ（移動）を統合して管理・サービス提供する、新しい交通インフラの概念ＭａａＳが典型的な例だ。ＭａａＳに関連するのは、自動車やＩＣＴ関連の企業だけではない。公共交通機関、不動産、シェアリングサービス、自治体など複数の業種や組織が垣根を越えて新しいエコシステムを形成している。その中では、交通や人の移動の最適化に加え、レストランやショッピング施設などへの送客も含め、経済圏との融合のように、移動に直接かかわらない領域をエコシステムに含めることが、価値の源泉が移動そのものではなく移動後のコトにシフトしている世界においては重要な要素となる。

ＰｗＣでは、上記６つの企業内のデジタル化要素に関しては、トランスフォーメーションに資するアジェンダとトラスト＆ガバナンスの構築に資するアジェンダの２つの面で捉えていくことが重要と考えている。この６要素×２面でデジタルに関する経営アジェンダを見渡してみると、個々のレベルでは、業種に依存するものの70程度のテーマが存在する。繰り返しになるが、これらをバラバラに対策していくことが重要なのではなく、関連性や順序性を意識しながら、企業独自の解き方のストーリーを作ることが重要なのである（図表１－３－２参照）。

図表1-3-2　デジタルに関する経営アジェンダの全体像6要素×2面

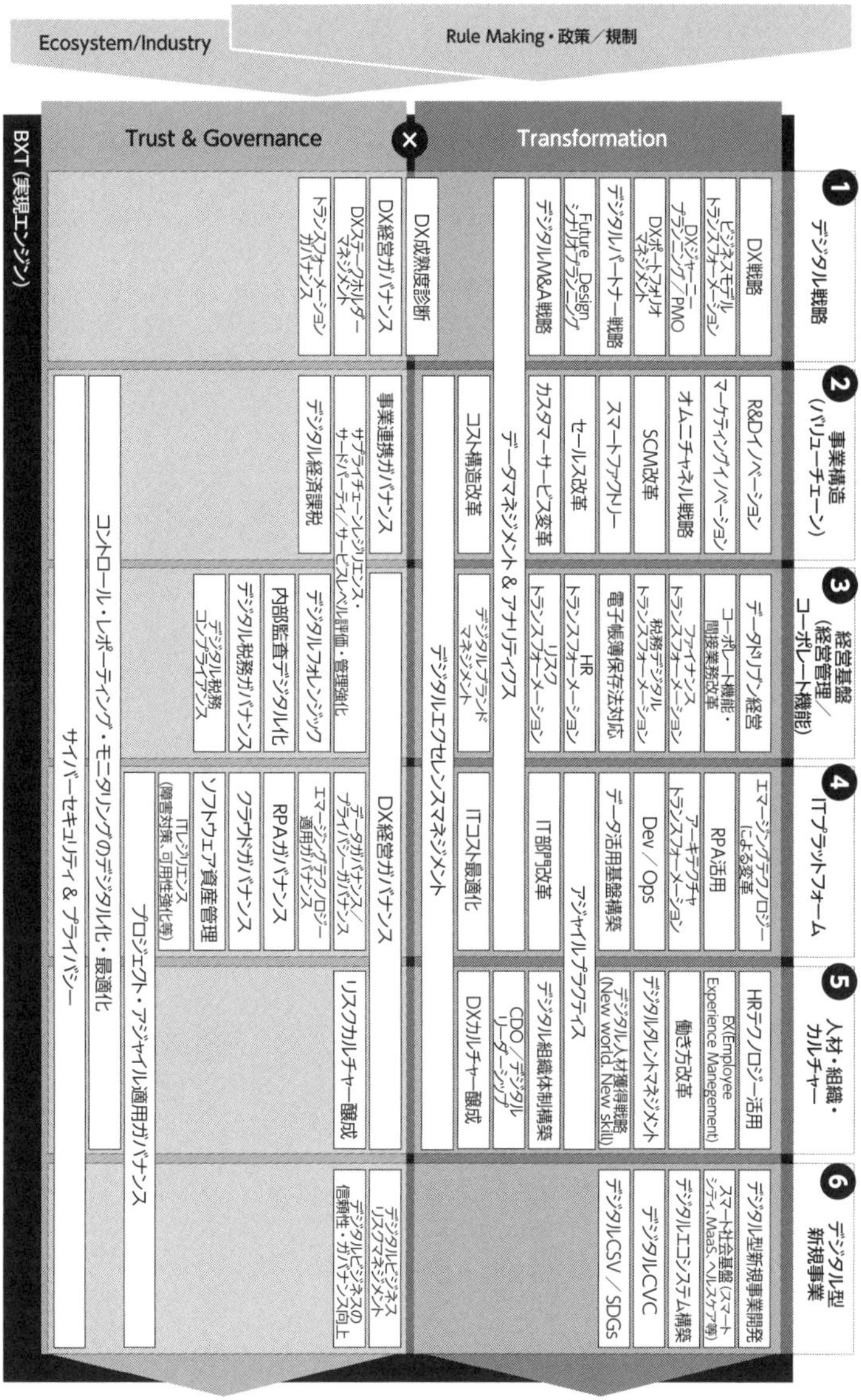

ＰｗＣでは、クライアントと「共創」しながらＤＸを実現する、デザイン思考を応用したＢＸＴというメソドロジー（方法論）を保持している。ビジネス、エクスペリエンス、テクノロジーの総称であるＢＸＴは、ビジネスとテクノロジーが主な視点となりがちな取り組みに、エクスペリエンスを加えることで、価値創出や共創を実現しやすくする工夫が込められたアプローチである。

ＤＸの全体像をおさえる必要性 ―リバウンドが起きるメカニズム―

ＤＸの全体像を見てきたが、ＤＸを成功させるためには何に気をつければよいだろうか。グローバルでのＤＸ取り組み企業における成功確率は、現在のスナップショットでは、およそ20～40％とすら言っているものもある。玩具メーカーやアパレルメーカー、一般消費財メーカー、電機メーカーや自動車メーカーなど、多くのグローバル先行企業がデジタルイニシアチブを掲げ、新しい事業モデルの構築を目指している。

一方で、これら先行企業に限らず、多くの企業が、変革の途上で困難に直面しているのも実情だ。また、巨額投資に踏み切った企業が、必ずしも業績がよいと言えるわけではない。

苦労する企業、頓挫する企業が多い理由は、ＤＸがいわゆるチェンジマネジメントそのもので、非常に手間と時間がかかるものだからと考える。ＤＸ推進の道中には、技術の成熟度や、セキュリティの問題、基幹となるＩＴやデータ整備状況などさまざまなボトルネックが存在する。加えて、改革イニシアチブばかりで現場が疲弊するか、もしくは逆に現場の巻き込みができていないなど、改革を推進する側と業務現場のギャップをていねいに埋めていく必要もある。その中で、最終的に成否を分けるのは、人や組織、カルチャーに対する変革の要素が大きい。

ＰｗＣでは、デジタル時代の人材の基礎能力を４つの視点で捉え、実際に全社員向けのアップスキリングプログラムを展開している。１つ目は、当然、スキルとなるが、同時に、デジタル時代に持つべきマインドセットや関係構築（コラボレーション）の仕方、そして、行動モデルそのものも、非常に重要な要素である。

ある従業員の行動を、データを使いこなすような働き方に変えていくためには、分析ツールなどの技術スキルだけを教え込んでも十分とは言えない。データを使ってものを考える姿勢や、ビジュアル化された分析結果から新しい発想を重ね合わせ、作業を軽減したり、業務自体を本質的な改善に向けて進化させたりしていく思考パターンなど、働き方そのものに対する変革が必要である。

また、新しいツールや仕事のやり方をどんどん試していくマインドセット自体も問われるべきである。ＰｗＣが行っているトランスフォーメーションの中で、従業員のアップスキリングを支援する環境まで整備していった例を見ると、変わりたい、進化したいという水面下にある従業員の成長意欲や貢献意欲の存在に気づかされるケースも少なくない。

また、初期の段階では、ＤＸを推進していくために必要なスキルやノウハウの習得を意図的に特定の人材に集約させ、次の段階でその人材を核に周りの人間に拡散してもらう2段階のステップで進めていくやり方も有効である。実際にＰｗＣでは、デジタルに疎い層に、デジタル推進の社内資格を持つ若者がパーソナルトレーナーとして張り付くような取り組みも行っている。

社員全体のデジタル活用の話ではなく、データ分析や、要件に合わせてプログラムを組んでいく特定スキルを持ったエキスパートをどうやって確保するかも、常に聞こえてくる悩みのポイントだ。その場合、最初に具体的な人材要件を定義することが重要である。

実際に定義してみると、主にデジタル技術やデータ分析のビジネス活用を担う者、データを加工・分析するデータアナリスト、そして必要なシステムをアジャイル（俊敏な）に構築していくエンジニアなど、複数の人材像が定義される。現実的には、こうした人材を、必要なだけ採用・育成することは困難となるため、どこを自社でやり、どこを外に任せるのか、といったリソース戦略としての基本方針を最初に固める必要がある。データサイエンティストや特定技術のエンジニアを一定数、社内で確保していくことは、現実的には困難だ。

過去の実績を、手間と時間をかけてまとめた資料をもとに、振り返り型の議論に終始しがちであった会議が、その場でデータをいじりながら、出てきた疑問に対する答えを確認したり、将来予測分析の条件を変えながら、これから起こることを予測したりして、打ち手の妥当性を議論できるようになってきている。

同時に、関係構築（コラボレーション）のレベルも、今後、さらに向上し、数百人以上のコラボレーションが当たり前の働き方となるだろう。コラボレーションの範囲も情報量も限定的だった従来は、専任の人をいかに集められるかがプロジェクトの成否を分けた。通信の進化と、チャットなどのコラボレーション・ツールの出現により、コミュニケーションのボトルネックが小さいものになってきている。２０２０年代の新しい世界観では、エキスパート１００人がそれぞれ１％の貢献をするプロジェクトのほうが、１人の専任者が進めるプロジェクトよりも大きな価値を生み出すかもしれない。

また、この時代感を正しく理解するためには、コラボレーション・ツールとなるテクノロジーの進化に加え、「アジャイル」というプロジェクト推進方法の浸透も理解する必要がある。アジャイルとは、「俊敏な」という意味で、システムやソフトウェア開発において、要求仕様の変更などに素早く柔軟に対応するための手法である。アジャイル開発では、仕様や設計の変更があることを前提に開発工程を小単位で繰り返し、検証を重ねていくというアプローチをとる。近年、このやり方が、ソフトウェア開発にとどまらず、さまざまなＤＸ上の変革タスクに適用されている。トライアル＆エラーで早急にアクションを起こすという行動モデルに通じる考え方である。

　プロダクトのクオリティを80％から１００％に引き上げるには、開発全体の80％の労力とコストを要する。アジャイル開発において重要なのは、完成度を高める終盤の工程に入る前に、成果物の（市場）適合性を見極めることであり、残り20％の完成度を上げるために必要な80％の労力とコストの無駄な浪費を回避することである。

　アジャイルの時代においては、60％くらいのクオリティに達した段階で、ユーザーを含む多くの人の改善ポイントを取り込んで、軌道修正していく。このとき、開発者以外の外部の視点を広く取り込むことで、いつものメンバーからは出てこない建設的な意見、批判的な意見を取り込むことができる。

　社会的に見ると、リモートワークとフレキシブルな雇用形態が求められる時代では、こういった新しいコラボレーションの手法を、どん欲に取り入れていくことが必要だ。社会的にも専門性が活かしやすい環境となっていくため、フリーランスの活躍の場も広がる。そういった、現在、埋もれている才能や技術を発掘し、必要とされる場面とマッチングできるケイパビリティが、今後の企業の優位性の1つとなりうる。

人材・組織・カルチャー起点のトランスフォーメーション

上記の通り、人材戦略や組織・カルチャーの改革といった、「ソフト面でのデジタル化」なしではトランスフォーメーションは成り立たない。PwCが、自社およびクライアント企業のDXを推進する際、DXの目的関数として定義した第1の改革軸に加え、人や組織、カルチャーを第2の改革軸として定義し、全体プログラム設計する理由はここにある。AIやIoTなどのデジタル技術の急速な進展に伴い、新規参入企業による既存事業領域のディスラプション（創造的破壊）など、企業が直面する事業環境は激変している。変化の激しい状況にも適応できるように、より高度かつ効率的な人材の活用や組織の最適化、データドリブンの的確かつスピーディな意思決定、デジタル時代に求められるタレントスキルの育成が求められている。

特定のテクノロジーありきの施策やテクノロジーを無視した組織制度設計では、時代の要請に応えることはできないであろう。ＰｗＣは、ＡＩの進化に相対する人材の意義が問い直される「ピープルファースト」の時代に、人が重視すべき働き方や価値といった「エクスペリエンス」を中心に未来像を描き、そしてそこへ至る道筋をバックキャストして最適な施策や制度、「テクノロジー」を導き出すことを試みる。将来が不確実だからこそ、ビジネスとともに人がなぜ変わらないといけないかを可視化していくアプローチである。

変革には、ピープル主導、テクノロジー主導、データ主導の施策を組み合わせる必要がある。テクノロジーから得られるデータに加え、職場のＩｏＴ化に伴い人の動的データも得られる時代、ピープルアナリティクスのケイパビリティを高度化して、施策設計や意思決定プロセスにデータを組み込むことも可能となってきた。

情報システムの基盤に対するモダナイズ／単純化の必要性

リバウンドが起きる要因としてもう1つ忘れてはならないのが、デジタルインフラのモダナイズである。つまり3番目と4番目の要素である経営基盤やＩＴプラットフォームの変革は、バリューチェーンの改革とともに、同時に着手することが重要だ。そうでなければＤＸは途中で頓挫し、結果的に、何の本質的変革もなく、リバウンドを起こしてしまうだろう。

非常に効率の高い生産管理の仕組みを導入し、新しいサプライチェーンの構図を構築しようとしても、活用したいデータが部門ごとにバラバラに存在、あるいは情報流の一部で紙や個人の持つ表計算ソフトによる運用が介在している、もしくはきわめて属人的に意思決定の基準が設定されているような場合、全社横断的観点で顧客に合わせて最適化されたプロセスは構築できない。ＤＸを成功に導くには、情報システムの基盤そのものをデジタルに合わせてモダナイズしていくプロセス、つまりはロードマップ上の連携が必須である。

ＩＴアーキテクチャ上の単純化も、ＤＸを下支えする土台の改良として、非常に重要なテーマとなるが、既存の顧客サービスやビジネスプロセス自体の整理が問われるケースも少なくない。この場合、自社の経済性だけでなく、顧客にとっての価値の見直しを軸にサービスや契約のあり方、ビジネスプロセスの自動化を含めたプロセスの再構築を、トップダウンで判断・推進していくことが求められる。

DXにおけるもう1つの進化の側面：トラスト&ガバナンス

ＡＩなどの新しいデジタル技術の活用においては、より全社・組織的な対応も求められてきている。新しい技術を使いこなし、実際に成果を上げるための打ち手と同時に、リスク管理面での対応もこれまで以上に必要となる。使うことを考えるだけなら関係者の中ですむが、リスク管理となると、経営も含め、全社的な対応・体制が必要である。

ＡＩが取り扱うデータの信頼性やセキュリティの課題、答えが自動的に出されるという仕組みが持つブラックボックス化（ＡＩにより導出された答えに対する説明が困難）の問題、情報漏洩や非倫理的な利用など、先んじて手を打つべき対象の範囲は広い（図表１－３－３参照）。

ＡＩリスクの対応には、取り組みごとのリスクの特性や大きさに合わせ、都度、全社横断的なガバナンス設計が求められる。その際、制度的な手当てやガイド・教育が必要となる対象も、取り組みによっては、広いものとなっていく。性能・効果を最大化するための施策に加え、リスク認識やコンプライアンス意識の醸成、法的整備が必ずしも追いついていないデジタル領域独特のリスク管理のあり方などを、検討・判断していく能力が求められる。

顧客がデジタル技術を利用する場合、その顧客に対しても、利用にあたっての広い意味での教育が考慮されるべきである。また、ＡＩデバイドと言われる、ＡＩの恩恵を受けられる人と受けられない人との間で生じる情報、サービス、そして最終的な評価や収入の格

図表1-3-3　AIガバナンスの全体像

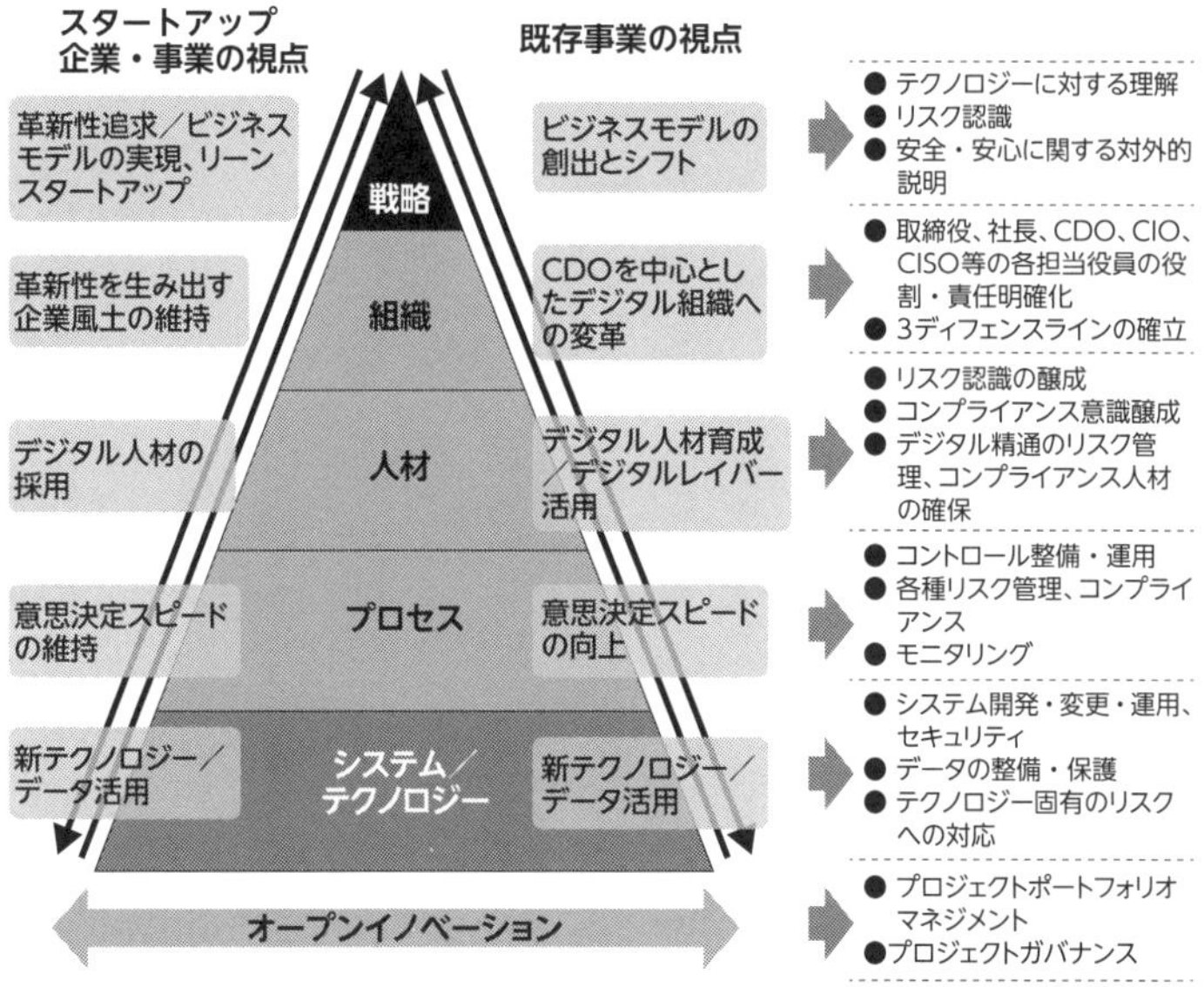

差をどう考えるのか、という社会課題レベルの議論も始まったばかりだ。こういった必ずしも1つの答えに集約できない課題には、企画段階から組織の壁を越えて取り組む総合的な設計力と、リスク管理上の洞察力が求められる。

特に、昨今の不透明な経営環境下においては、デジタル化を進めていくと同時に、「トラスト&ガバナンス」という視点もより重要と考える。今後、顧客への信頼提供のあり方は、経営の舵取りの中心となるだろう。

新しいデジタル技術の持つメリットを完全に引き出し、使いこなせるかを決めるのは、信頼できる仕組みや装置を作ることではなく、最後は扱う側の人がテクノロジーに先んじて進化できるかどうかだ。そのためにも、ＰｗＣは個別のガバナンス施策としての打ち手を考えていくのではなく、〝Trust by digital〟という考えで、戦略からプロセス、ＩＴ、人材（教育）、組織、ガバナンスといった全体の設計で、トラストを構築していくアプローチをとっている。

第2章

DXの成功モデル

2.1 金融業のケース
—MS&ADインシュアランス グループ ホールディングス

保険業界におけるDXとは何か

保険業界におけるＤＸの事例として、ＭＳ＆ＡＤインシュアランス グループ ホールディングスのグループＣＤＯである舩曳真一郎執行役員のお話を紹介させていただく。ＤＸ推進上の全体のかじ取りとして、押さえるべき要所の捉え方や施策展開のあり方に対し、とても示唆深い取り組みと言える。

ＭＳ＆ＡＤグループの中期経営計画「Vision 2021」において、デジタライゼーションの推進は3つの重点戦略のうちの1つに位置づけられる。そしてそれは、次の3つの取り組みを軸に構成されている。①デジタル・トランスフォーメーション（ＤＸ）による既存ビジネスの改革と業務の効率化・合理化、②デジタル・イノベーション（ＤＩ）によるビジネスモデルの変革と新ビジネスの創造、③デジタル・グローバリゼーション（ＤＧ）によるＤＸ、ＤＩのグローバル推進。そしてこれら3つの領域での取り組みは、最終的にお客さま体験価値の向上と業務生産性の向上を企図している。収益基盤を維持・拡大するためのＤＸ施策とともに、足元の業務プロセス変革を重要視している点が特徴的である。

「保険会社の存在意義は、どれだけリスクテイクできるかということ。自然災害、サイバー、コロナ禍といった環境において事業を継続するためには、資本の増強、つまりは利益を生む必要がある。そのためには、生産性の低い業務プロセスを見直して効率化していくことが重要になる。２０１０年に三井住友海上（ＭＳ）とあいおいニッセイ同和損保（ＡＤ）（旧あいおい損保・旧ニッセイ同和損保）が経営統合して10年。そして世の中においてデジタル化が進む今、もう一度各社の業務プロセスを見直さなければならないタイミングが来ている」

お客さま体験価値の向上を目指したＡＩによる代理店営業支援システム

保険ビジネスのバリューチェーン上で

重要な役割を担っている代理店に対し、グループ傘下のＭＳでは、ＡＩを活用してお客さまのニーズを的確に把握し、最適な商品・サービスの提案を実現する代理店営業支援システム「MSI Brain」を２０２０年２月より稼働させている。これは、お客さまに新しい体験価値を提供する最前線の担い手である代理店とともに、ＤＸを推進する施策である。

「保険会社は、これまで代理店と一緒にお客さまに価値提供を行ってきた。デジタル化の時代においても、代理店とコ・クリエイト、コ・ソーシングすることで、さらに良い価値提供が可能になるため、代理店と一緒にＤＸを推進することが不可欠である」

「MSI Brain」は、保険会社と代理店の持っている情報をベースに、ＡＩを使った代理店での最適提案を支援することを目的に、４つの機能で構成される。ＡＩによるビッグデータ分析からお客さまのニーズやリスクの変化を察知して補償内容の見直しなどを最適なタイミングで提案する「①お客さまニーズ予測分析」、ＡＩが提案活動における最適なアクション（Next Best Action）を代理店に提示してナビゲートする「②代理店ＮＢＡ」、ＡＩが導き出した最適な保険プランを説明するため、お客さま一人ひとりに対応した「③パーソナライズド動画」、そして、ＡＩが代理店の販売実績等を分析して経営計画の策定助言や日々の活動管理を支援する「④代理店経営者サポート」である。中でも、③のパーソナライズド動画は、いつでもどこでもお客さまが自由なタイミングで提案動画を視聴可能で、また、提案理由の説明も動画で行うものとなっており、同社が標榜するお客さま体験価値の向上につながる代表的な機能と言えよう。

「これは単なるスーパーセールスパーソンを真似るというよりも、本当にお客さまに必要な情報、商品を、適切な説明の中で提供、提案していけるようにする、顧客本位の募集活動を実現するためのツールである。汎用的な商品紹介ビデオは今までもいくらでもあった。でも保険商品は複雑なので、お客さまによって、商品内容は微妙に異なる。だから、ＡＩを使って、このお客さまにはこの商品が良いという内容を動画で案内する。お客さまはそれを見ることで、商品内容を理解する、確認できる、選択できる、こういう状況を作ったことがすごく大きな特徴だと考えている」

テレマティクス*1技術を活用した損害サービスの効率化・高度化

もう１つ、「ＡＩによる相手車両の速度解析の実装」という保険業界で初となる取り組み（２０２０年９月時点、同社調べ）も始めている。クルマのコネクティッド化、自動運転社会の到来など自動車業界を取り巻く環境が変革期を迎える中、事故時の運転操作状況や事故発生状況といった車載器から得られる各種データ活用がますます重要になってきて

*1：テレマティクスは、「テレコミュニケーション」と「インフォマティクス」を組み合わせた造語で、カーナビやGPS等の車載器と移動通信システムを利用して、様々な情報やサービスを提供する仕組みである。

いる。こうした環境変化に先駆け、グループ傘下のＡＤはテレマティクス自動車保険において、車両・デバイスから得られるデジタルデータを活用した「テレマティクス損害サービスシステム」を開発し、２０１９年8月から運用している。お客さまとの電話や書類のやりとりを中心とした従来の事故対応から、走行データや運転挙動・位置情報を中心としたデジタルデータの活用による高度な事故対応にシフトさせる革新的なものだ。

車両から得られるビッグデータや、道路・天候情報等を地図上にビジュアル化し、事故状況を瞬時に把握できるようにする「①テレマティクス情報の可視化」、通常時の走行データと実験で収集した車両衝突時のデータをＡＩに学習させることで精度の高い事故検知機能を実現する「②事故検知の高度化」、ドライブレコーダーなどのデバイスから得られるＧＰＳや事故場所、相手車両の速度などをＡＩで解析・判定し、事故状況を機械的に導出する「③相手車両・周辺環境を含む事故状況の把握」、そして、ＡＩにより判定された事故状況を基に過失割合の判定をサポートする「④過失割合の判定サポート」の４つで構成される。

例えば、「③相手車両・周辺環境を含む事故状況の把握」は、約30万件の車載カメラ映像を学習したＡＩを搭載する映像解析プラットフォームで分析される。事故における自動車・歩行者・道路等の位置や、軌跡の立体的な把握に加え、人の目では確認することができない相手車両の速度推定も行う。これにより、これまで困難であった相手車両の速度超過による過失割合修正の主張を可能とした。これらの機能を活用し、同社では事故解決所要日数を短縮し、顧客満足度の向上を実現している。

デジタル化の前に業務プロセスの効率化

業務プロセスの変革を重要視し、契約事務プロセス、保険金支払事務プロセスのデジタル化、ＲＰＡによるさらなる自動化などを推進してきたＭＳ＆ＡＤだが、実際、どのように進めているのだろうか。

ポイントとなるのは、業務プロセスを効率化してから、デジタル化するというステップの徹底と、継続的な変革に対する必要性の認識である。

「今ある業務プロセスをアナログからデジタルに変換することが、デジタル化による効率化だと思いがちだが、デジタル化というのは賢くやらないと開発費がかさむし、その後の運用費用も大きくなってしまう。そうなると、次に変革をしようとした時に、膨大な開発費用が必要になり、身動きが取れなくなってしまう。したがって、デジタル化する前に、デジタル化の対象となる業務プロセスを徹底して見直し、先に効率化を済ましておくことが重要である。アナログの業務プロセス自体をアナログの段階で効率化しておかないと、デジタル化とはいえ、うまくいかない」

ＭＳ＆ＡＤは、２０１０年のＭＳとＡＤの経営統合後も、２０１３年に始まるグループ内の機能別再編において、大きな業務プロセス変革を経験している。その時の経験から、業務プロセスの変革には多様性が求められると考えている。

「現行業務を洗い出し、デジタル化する前にどのような変革を行わなければならないのかを定義していく作業は、自分たちだけでやるべきではないし、やってはいけない。自分たちだけでやると、結局自分たちのやっていることの正当化に終始してしまう。これは本当に必要なのか、他業界ではこういうやり方をしている、などの多様な意見の中で行わないといけない。当社グループの社員は、新卒で入ってから管理職になるまで、必ずしも多くのポストを経験しているわけではない。変革の切り口を出すのは得意ではないし、絶対に十分であるはずがないという謙虚なスタンスの中で、論点を整理していく」

また、保険事業特有のレギュレーションへの対応も欠かせない。レギュレーションによって、募集の時、管理の時、保険金支払いの時、それぞれのタイミングで何を説明して、何をやって、どういう書類を入手して、何をチェックするのかといった業務プロセスが違ってくるからだ。

「グローバルで考えると、どの国ではどのような価値観があり、どういう文化のもとで、レギュレーションが設定されているのかの理解が重要である。レギュレーションは刻々と変化していくから、何をトリガーに、どういう観点で、どういうレギュレーションになっていくかを予測、推測することも、デジタル化を見据えた業務プロセス変革には必要になってくる」

このように業務プロセスを徹底的に効率化した後、データ活用を意識しながらシステム設計が進められている。

「結局、システムの裏付けがなければ、デジタライゼーションは実現しない。業務プロセスがシステム化されていないと、データが生まれてこない。倉庫に行けばいくらだって情報はあるが、データになっていなければ、今の時代、価値が生まれない。だからデータ化していくプロセスは結構ハードルが高く、設計力というか、ストーリーを作るというか、工程を描くっていうのが重要なテーマとなる」

デジタル人財の育成

ＭＳ＆ＡＤでは、デジタル人財の育成にも注力している。一人ひとりを大切にするという想いを込めて、「人材」ではなく「人財」という表記を使っている。デジタルやＩＴの専門人財は当然必要だが、限られた専門人財だけでデジタル化を牽引するのではない。社会との接点を持つ全社員が、広く浅くでもよいからデジタルリテラシーを上げていくことが、先に述べたＡＩによる代理店支援機能の向上、損害サービスの高度化や業務プロセスの変革の検討につながっていくと考えている。

そのために、大学等の教育機関と連携し、早くからグループ社員専用の研修プログラムを開設している。１つは、２０１８年に開設したＩＮＩＡＤ（東洋大学情報連携学部）との連携による「ＭＳ＆ＡＤデジタルアカデミー」だ。新しいビジネスモデルを開発できる人財を育成する「ビジネスデザインコース」、高度な分析業務を自身で遂行できる人財を育成する「データサイエンティストコース」で構成される。ＩｏＴの先駆者である坂村健氏（東京大学名誉教授）が学部長を務める同学部のハード面、ソフト面双方のリソースを活用し、社員が専門的な知識や技術を習得する機会の創出を図るものである。

もう1つは、日本電産創業者の永守重信ＣＥＯが理事長を務めるＫＵＡＳ（京都先端科学大学）との連携により２０２０年に開設したオンライン型研修プログラム「ＭＳ＆ＡＤデジタルカレッジｆｒｏｍ京都」だ。「データ活用知識の習得」「テクノロジー活用の現状と課題の理解」「新しいビジネスモデル、商品・サービスの創造」を中心とする内容で、ドローンやIoTセンサー、ウェアラブルシステムからのデータ取得方法や活用方法を学び、VRを通して得られるリアルな体験にヒントを得て、自然災害対策や成長領域である健康医療、自動車等の分野での新しいビジネスの創出につなげていく。研修の最終日にはグループワークを行い、研修で学んだ知識を活用しながら、時代に合ったデータ活用のアイデアを発表している。

社員一人ひとりがプロフェッショナリズムを高め、現状に満足せずに革新を追求し、組織としての総合力を最大化できるよう「人財」育成に取り組んでいる同社の姿勢が現れている。

「このような研修を年間400人程度の社員に受講してもらい、10年くらいかけてデジタルリテラシーを向上させていきたい。研修を受けることで、自社でしか働いていなくとも、知識は広がっていく。そうなるといろいろな会社に行ってもそれなりの話ができるようになり、お客さまに関心を持っていただけ、その結果、お客さまから相談があると、その答えを見つけようと、さらに目的を持って自分で勉強するようになる。だから、最初のゼロイチのところを社員が乗り越えられるように惜しむことなく投資をしてあげれば、イチジュウのところは、かなりのスピード感をもって自分でやってくれるのではないかと思う」

デジタルイノベーションチャレンジプログラム

デジタル人財育成の成果も出始めている。「デジタルイノベーションチャレンジプログラム」というアイデアコンテストをグループ全体で行ったところ、1200件を超える応募があったという。国内のグループ社員数が約3万人であることを考えると、それなりの件数の応募があったと言えよう。もちろん、全員が前述の研修を受講しているわけではないが、同社の目指す社員像「自ら学び自ら考え、チャレンジし、成長し続ける社員」が現れているのではないだろうか。

このプログラムの特徴は、検討プロセスのようなフレームワークを示して、考えをまとめやすくしている点だ。

「テーマや考え方などを応募者に任せてしまうと多分つまらなくなる。そこで、今の時代はどういう論点があって、技術的にはどういう手段があって、どういうやり方があるとか、検討のアプローチを示して、その上で興味のあるテーマについてアイデアを出してもらった」

「応募の中には、社会貢献に資するようなテーマが結構あった。ハンディキャップがある人にとって不便な段差のある路面を、優先的に公共工事で改修していく。そのために、自転車にカメラをつけて、段差のデータを収集・分析して、提供するとか。これは、自治体に販売できたらいいなと。あるいは、妊婦の方の困りごとのデータを収集し、アドバイスをするとか。こういったアイデアの中から10件程度選んで、ＰｏＣ（概念実証）をやって、事業化していきたい」

人財育成にも広く浅くつながるこのような取り組みを通じて、本当にデジタルの能力がある人、アイデアのある人、そういうものに興味や関心がある人を見つけ出すきっかけとしても活用している。

「デジタルな人財というのは、営業ができる人財とか、商品の約款を書ける人財とはちょっと違うと思う。昔のサラリーマンで成功する人と、今の人財に求められている技術とか性格とかは変わってきている。従来の人事評価軸では、こういう世界になってきたとき、有能な人財を見つけ出せない」

情報をデータ化し社会課題の解決へ

新しい社会への対応とともに、新型コロナウイルス感染症やサイバーリスクといった新たな社会的課題の解決に取り組むことも重要視している。こういった危機は変革へのターニングポイントになることから、同社ではＤＸやＤＩを一層推進し、新たなビジネススタイルの創造とともに、生産性と競争力向上を同時実現できる成長戦略を描いている。これは、今後、経済が長期的に停滞しても、収益構造強化の上で経営が安定していれば、保険リスクの引受余力は拡大され、社会に貢献し続けることができると考えているからだ。

デジタルイノベーションの推進によって創出した新たなビジネスの1つとして、「Risk×Technology="RisTech"（リステック）」がある。これは、自社で保有する契約データや事故データ等に加え、取引先などが保有するさまざまな外部データを活用し、リスク分析やリスクモデルの開発を行うことで、取引先企業の課題解決を支援するサービスだ。保険業界では、従来の事故や自然災害の補償に加え、データに基づくリスク抑制提案（防災・減災）や、復旧・復興等のアフターケアへのサポートの需要が高まると考えている。

「これまではＤＸを中心にデジタライゼーションを進めてきたが、これからは保険会社の持っている情報やお客さまや多様な企業が持っている情報をデータ化して掛け合わせ、有用な価値をもたらすよう磨きをかけることで、自然災害対応やヘルスケア、スマートシティやモビリティ領域など、さまざまな社会的課題解決につながるような取り組みに挑んでいきたい」

2.2 BtoB（toC）の製造業のケース
―東芝

東芝が推し進めるサイバーフィジカルシステムとは何か

ＤＸの成功モデルというと海外の企業をイメージされる方が多いかもしれない。だが、いま日本においても積極的に推進し、独自のＤＸモデルの構築を図っている企業は多数ある。ＢtoＢにおいても、ＢtoＣにおいても、ＤＸ化の機運が高まっていることは間違いない。この節では、数ある取り組みの中からＢtoＢの製造業の事例として東芝データを取り上げよう。

東芝データの設立は２０２０年2月。人々の購買行動など実社会から収集した様々なデータを社会で活用できる価値ある形に変え、実社会に還元していく事業を行う新会社として設立された。代表取締役ＣＥＯに就任したのは、東芝の執行役を務める島田太郎氏。いま東芝では、モノなどが存在する実世界（フィジカル）と、そこで発生する多様なデータが収集・蓄積されるデジタル世界（サイバー）とを連携させることで新たな価値を提供していくサイバーフィジカルシステム（ＣＰＳ）を掲げ、変革を進めている。東芝データはＣＰＳを体現する企業であり、データ循環型のＣＰＳから新しいビジネスの創出を目指している。

「東芝にはフィジカルな製品がたくさんあります。生活者は、東芝テックのＰＯＳレジで支払いをし、駅では東芝が作った自動改札を通り、有料道路では東芝のＥＴＣシステムを利用している。生活に根付きながらも、これまで活用されてこなかったフィジカル製品を使って、ＢtoＢtoＣモデルの構築を進めるのが我々の目的。元々持っているアセットを有効に使って、ビジネスモデルを根本的に変えていきます」

プラットフォーム化を果たすことがＤＸ

島田氏は、ＤＸとはデジタルをうまく活用し成功をおさめているビジネスモデルであり、プラットフォーム化を果たすことがＤＸだと指摘する。

「１９８０年代に東芝はＮＡＮＤ型フラッシュメモリという記憶媒体を発明しました。これがなければ現代のスマートフォンは作れなかったかもしれないほど、重要なハードウェアです。しかし、スマートフォンベンダーの中には、今や我々の１００倍以上もの株式企業価値を享受している企業もあります。これはどういうことかと言うと、プラットフォーム化しているからです。巨大なＳＮＳ企業も同様です。ＳＮＳのソフトウェアそのものは、必ずしもシビアな要件は求められないかもしれません。人命に被害を及ぼしかねない原子力発電所を制御する東芝のソフトウェアの方が、よほどシビアな要件が求められます。にもかかわらず、企業価値が大きく違うのは、プラットフォームがそこにあるから。余白があって、そこに皆がコミュニティとして参加して、進化していく。これが本当の意味で、デジタルを使ってトランスフォーメーションをしたということ。この点をまず理解する必要がありますね」

　さらに、島田氏はＤＸに失敗する会社には３つの共通点があると話す。

　まず１つめが、そもそもＤＸの定義がはっきりしていないこと。ＤＸで何を目指しているのかわからないと失敗の可能性が高い。クリアに定義することが成功の第一歩だ。

　２つめは、上からの期待が非常に大き

いため、大胆すぎて実現できそうもないプランで臨んでしまうこと。実行不可能なプランで成功するはずがない。

最後が、１つめと２つめの失敗で苦しんだ後に、ソフトウェア会社や海外のコンサルティング会社から言われるままに、ソフトウェアを導入して終わるというパターンだ。

「ＤＸと言うと、まずは社内からＩＴ化を進める話になりがちですが、それでは成功は望めません。最も重要なのは、社外的に自分たちが何をするのかを突き詰めることです。ＤＸを成功させられる企業は、自分のビジネスのドライバーが明確で、その上でソフトウェアをインプリメント（実装）していく。それがないまま、内側のＩＴをどうこうしようというのはだいたいうまくいきません。ＤＸを進めようというときにまず内側についての話をしてしまうのは、失敗のレシピの第一歩を踏んでいるようなものです」

社内のシステムをどうするかは、単なるその後の手続きだ。どうやって儲けるのかの軸足が定まらないのに、とりあえずソフトを買って導入したからといって、うまくいきようがない。最終型のビジネスモデルの変革から着手すべきなのである。

自分の仕事の範囲を変える

東芝データのＢｔｏＢｔｏＣモデル第１弾としてスタートしたのが、世界シェア１位を誇る東芝のＰＯＳシステムをベースにしたスマートレシートサービス事業だ。サービスの詳細についてはこの後に詳しく述べることにして、島田氏がいかにして社内の協力を仰ぎ、新規事業の立ち上げに向けて動いたのか、まずはそのプロセスを紹介しよう。

ＤＸをクリアに定義しても社内の理解が得られなければ、それは絵に描いた餅に終わる。そこで、島田氏はトップはもとより事業部長、ＤＸの担当部署の人々に向けて、ＤＸが成功している企業の特徴を紹介し、そのエッセンスを自分たちでどのように実現していくべきかの理解の促進に努めた。

「１００回以上ものプレゼンを重ねました。ただし、よくあるパターンで、他社の事例を教えてほしいと言われることが多いんですね。そこで事例を紹介すると必ず、『うちには無理だ』と言われてしまう。そのときには、ＤＸのエッセンスを自社でどうやったらいいのかというレベルに話をブレイクダウンし、『あなたの仕事でいうと、こういうことですよね』という話をしました。すると、話が自分ごとになってくる。腹落ちし、事例として理解してもらいやすくなるんですね。このプロセスが大切です」

もっとも、ＤＸは痛みを伴う。ＤＸを推し進めていくと、カニバリズムを起こし、自分で自分の首を絞めることになるからだ。例えば、ＩｏＴ化を進め、情報をインターネット経由で取れるような仕組みを構築し、部品をモニタリングできるようになったとしよう。部品がいつ壊れるかがわかるようになればどうなるか。必要なときに必要な部品だけしか売れなくなるため、おのずと売上は減り、利益は下がる。

「単純にＩｏＴ化をすると売上の減少は避けられません。だからといって、やらなくていいわけではない。なぜなら、他の人たちがやってくるからです。ではどうするか。回避する方法は２つだけです」

島田氏があげる１つめの方法は、いままでの自分の仕事の範囲を再定義することだ。例えば、サービスという作業のオペレーションをこれまで顧客がやっていたとすれば、それを自社に取り込むことで売上を増やし、かつ効率化を図って実際の利益を高めていく。

「語弊があるかもしれませんが、私は『自分の仕事の範囲を変えよう』とよく言っています。ハードウェアを売らずにサービスを売る。ただし、これはＤＸではありません。デジタルエボリューションです。自分たちの仕事の範囲をバリューチェーンの中で再定義をして、広い範囲の仕事を取り、しかも利益率を上げていく方法です。２つめの方法は、顧客をずらすこと。これは非常に重要ですね。直接目の前にいるお客様とは違うところからマネタイズする方法を考えていく。そのためには、自分たちのビジネスを外から見なければならない。必ず違うサイドから見ることです」

ピッチ大会の成果

ＤＸを定義し、社内での理解を深め、自分ごととして捉えられるようになったところで、第２段階として島田氏はピッチ大会を実施した。準備した資料（ピッチ）をもとに、数分間でＤＸに向けての新しい取り組みを訴求するイベントだ。テンプレートを用意し、各自３分で説明させたところ、非常に好評だったという。

「東芝には３分で説明をするという文化はなかったのですが、逆に時間が限られているため、余計なことが言えない。テンプレートが同じなので、結局、話がわかりやすくなりました」

ピッチ大会の結果は上々だ。開催前は、あまり有望なアイデアは出てこないのではないかという声も聞かれたが、１回目のピッチ大会で発表されたアイデアは80件以上。これらを費用と時間とで４つに分類した。費用がかからず短期的にすぐにマネタイズできるもの、費用はかかるが短期的にマネタイズできるもの、費用は少なく済むがマネタイズするまでに時間がかかるもの、そして費用も時間も要するものの４つである。

「これらの利益を２０３０年まで足し合わせると実に20兆円を超えました。終わった段階で、じゃあ実際にやってみようと、東芝に約20ある事業部長と話をして、どれをやるかの検討を重ね、結果的に32個のプロジェクトができ上がった。すでにサービスインしたものもいくつかあります」

実際にビジネスとして立ち上げるために、島田氏は社内ファンドを用意した。ビジネスモデルとして面白いと思われるものには、ファンドから資金をつけたのだ。

「その中から、非常に高い利益率を達成できそうなビジネスモデルがたくさんでき上がってきました。やっていくうちにうまくいかず、路線変更を迫られるものも出てくるはずですが、それを体験することも重要だと考えています。最終的には、第３段階としてトップダウンで高い目標を掲げ、それぞれの事業を転換させていく計画です」

小売店に集客・売上拡大をもたらすスマートレシート

いくつもの事業が進行している中で、島田氏がいま最も力を入れ、最も早く結果が出ると確信しているのが、前述のスマートレシート事業である。

具体的には、客があらかじめスマートレシートのアプリをスマートフォンにダウンロードしておくと、東芝テックのＰＯＳレジで発行されるレシートの印字データが電子化され、スマートフォンに転送される。紙で受け取っていたレシートを電子レシートとして確認できるサービスだ。

　東芝データはレシート情報を収集・分析し、それらを価値ある情報に変えて、ニーズに合ったクーポンなどを付加価値として消費者に還元していく。最終的な目標は、小売店に集客・売上拡大をもたらす事業モデルの構築にある。

「ＥＣが伸びているとはいえ、日本のＥＣ化率はまだ7％に過ぎません。生活者が何を買っているのかという情報の93％はフィジカルなＰＯＳシステムに閉じ込められています。つまり、フィジカルな製品を持っている会社は次の時代に、過去10年ほどで大躍進し成功した企業を逆転する可能性があるわけです」

　ＰＯＳレジから得られるデータをもとにマーケティングに活用している店は多いが、それはあくまでも「店」のデータであり、決してビッグデータではない。一方、スマートレシートに集約されるデータとは購買者のデータそのものだ。

「特定の店でしか買い物をしないという消費者はまれでしょう。その消費者が心地よくなるような販売促進策を提供するには、人を中心に大規模なデータを集める必要がある。その点、スマートレシートは人のデータなので、そこから生まれる価値は非常に大きいのです。大げさな話になりますが、私はトータルのＧＤＰなどどうでもいいと思っています（笑）。それよりも個人の幸福や個人の幸せを追求する国であるべきでしょう。スマートレシートはその一助になると考えています」

目標はデータ活用のためのプラットフォームベンダー

スマートレシートのアプリ自体は５年程前に開発し、しばらくはクローズドの環境で運営していたが、島田氏はスケール化が図れると見て、オープンソース化に踏み切った。

導入店は現在、稼働・予定を含め２万店。アプリはすでに30万人以上がダウンロードしているが、注目すべきは利用率の高さだ。

「70％以上の方が毎日このアプリを使っています。お化けアプリなんですね。利用率は、紙のクーポンが５％、コミュニケーションアプリのクーポンが10％なのに対して、スマートレシートは56％。さらに利用率を広げるために、ニュースキュレーションサービスの開発・運営会社と連携しました。彼らのサービスの利用者が関心を持っているデータを掛け合わせて、その分野の割引クーポンを配信する販売促進策を始めています」

東芝データは、医療機関の経営支援を行う企業と健康支援サービスで連携し、買い物情報を健康情報として捉え、予防医療に繋がるようなサービスを検討していく方針だ。

「プラットフォームの特徴としては、マルチステークホルダーを志し、いろいろなところの情報が集まるようにしなければならないと思っています。POSレジとしては東芝テックは世界一のシェアを持っていますが、この事業を東芝テックのPOSレジだけでやるつもりはまったくない。あくまでデータ活用のためのプラットフォームベンダーという立ち位置であり、店舗のPOSはエコシステムのパートナー企業のものであればなんでもいい。競合する企業にも、スマートレシートへの参加を積極的に呼びかけるつもりです。利益を適切にシェアする仕組みと消費者に与える具体的なメリットを提示し、それぞれの企業と商売上、Win-Winの関係を築いていきます。すでに動き始めていますが、他社からの反応も非常にいいですね」

島田氏は、スマートレシートの仕組みを国内のみにとどまらず、さらには世界に広めていきたいと話す。

ハードウェアは売らない

東芝は、量子コンピュータの研究にも長く力を注いできた。

量子コンピュータの研究の延長線上で、東芝は量子暗号通信技術を有している。これは、医療データや金融取引など秘匿性の高い情報を安全にやり取りするために用いられる暗号通信技術の1つ。量子コンピュータが実働すると、現在、使用されている暗号が解析されてしまう恐れがあるが、この量子暗号通信を用いれば、たとえ量子コンピュータであっても暗号解読は不可能だと証明されているのである。

「ケンブリッジ大学に置いている東芝の研究所が20年以上研究開発を進めています。セキュリティとして最高レベルの量子暗号通信が実現されれば、もうこの技術なしに機密性の高い情報は送れなくなるでしょう。将来的には、いまのインターネットが量子ネットワークに置き換わることもありえますね。ここで、ぜひとも思い出す必要があるのがNAND型フラッシュメモリの話です。量子暗号通信技術のハードウェアや通信装置を通信会社に売ってしまったら、NAND型フラッシュメモリと同じ轍を踏むことになってしまう。そうではなく、我々は量子を通信として分配していきます。ソフトウェアのレイヤーも含めて、サービスとして提供していく道を選びたい。要するに、ハードウェアは売らないということです」

また、東芝では血液1滴で、13種類のがんをステージ0の段階でも99%特定できるマイクロRNAの技術開発も進めている。

「既存のビジネスに関しても、いままでのビジネスの領域を再定義し、すでに我々が持っているハードウェアの領域をうまく利用することでプラットフォーム化を進めていきます。東芝だからできるんじゃないかと思われるかもしれませんが、決してそうではありません。いくつかのエレメントはどんな会社でもできることなんですよ」

「守破離」がDXを成功に導く

プラットフォーム化を推進していく上で、島田氏はお金の取り方を変える必要性を強調する。目の前の客だけを見ていては、トランスフォーメーションは起こせないと考えるからだ。

「私が例としてよくあげるのは、ローカル線の電車のモーターをモニタリングして、今日は人がたくさん乗車していることがわかったら、それをお弁当屋さんに教えてあげるという取り組みです。顧客をずらして、お金の取り方を変えるんです」

顧客をずらすには、直接目の前にいるお客様とは違うところからマネタイズする方法を考えなければならない。自分たちのビジネスを違うサイドから見ることが必要だ。

だが、日本の企業は70〜90年代の成功があまりにも長く続いたために、その成功パターンにとらわれすぎていると島田氏は言う。

「アメリカのプラットフォーム型ビジネスについていけなかったのはそのためですが、アメリカの企業を見ていると、日本が捨てずに粘り強くやってきたものがすべてなくなっていることに気づきます。であれば、今度はコモディティと思われている領域を反対側にひっくり返して日本がプラットフォームを作ればいいだけ。そう言うと『無理だ』とか、『外国人を連れてこないとできない』という反応が返ってきますが、それはやりたくない言い訳でしかありません。日本人は、『守破離』という言葉をもう一度考え直して、実践していくべきでしょう」

デジタル大辞泉によると、守破離とは、剣道や茶道などで、修業における段階を示した言葉だ。「守」は、師や流派の教えや型、技を守り、確実に身につける段階を指す。「破」とは、他の師や流派の教えから良いものを取り入れ、心技を発展させる段階だ。「離」とは、師の流派から離れ、独自の新しいものを生み出し確立する段階を言う。

「言われた通りの型にはまるのではなく、その型をやることによって深く理解し、その次の段階を目指していくのが本来の日本の武道。そういうことを過去の立派な日本人がやってきたのだから、いまの経営者にできないわけがない。『守』しかできないのでは立ち行きません。『離』を実践する必要があるんです」

「守」のアセットを生かしながら、「破」を実践し、「離」を追求する。これこそＤＸの本質だろう。優秀なフィジカル製品を多数持つ日本企業にとって示唆に富む言葉である。

2.3 BtoC製造業のケース
―日立グローバルライフソリューションズ

「構想形成」に注力する

この項ではＢtoＣの製造業の事例として日立グローバルライフソリューションズの取り組みを紹介しよう。

これまでの日本企業は、「企画立案」から「計画策定」を迅速に行い、そのスピード感を大きな強みとしていたが、デジタルの時代には、「企画立案」よりもその前段にある「構想形成」が求められる（図表２―３―１）。

同社ビジョン戦略本部ビジョン商品企画部クリエイティブ・ディレクターをつとめる丸山幸伸氏は言う。

「毛色の違う企画案を複数作成して、事業のヘッドにプレゼンを行い、企画決定後に計画を定めて、スケジュールに則っ

図表2-3-1　デジタル時代に求められる「構想形成」

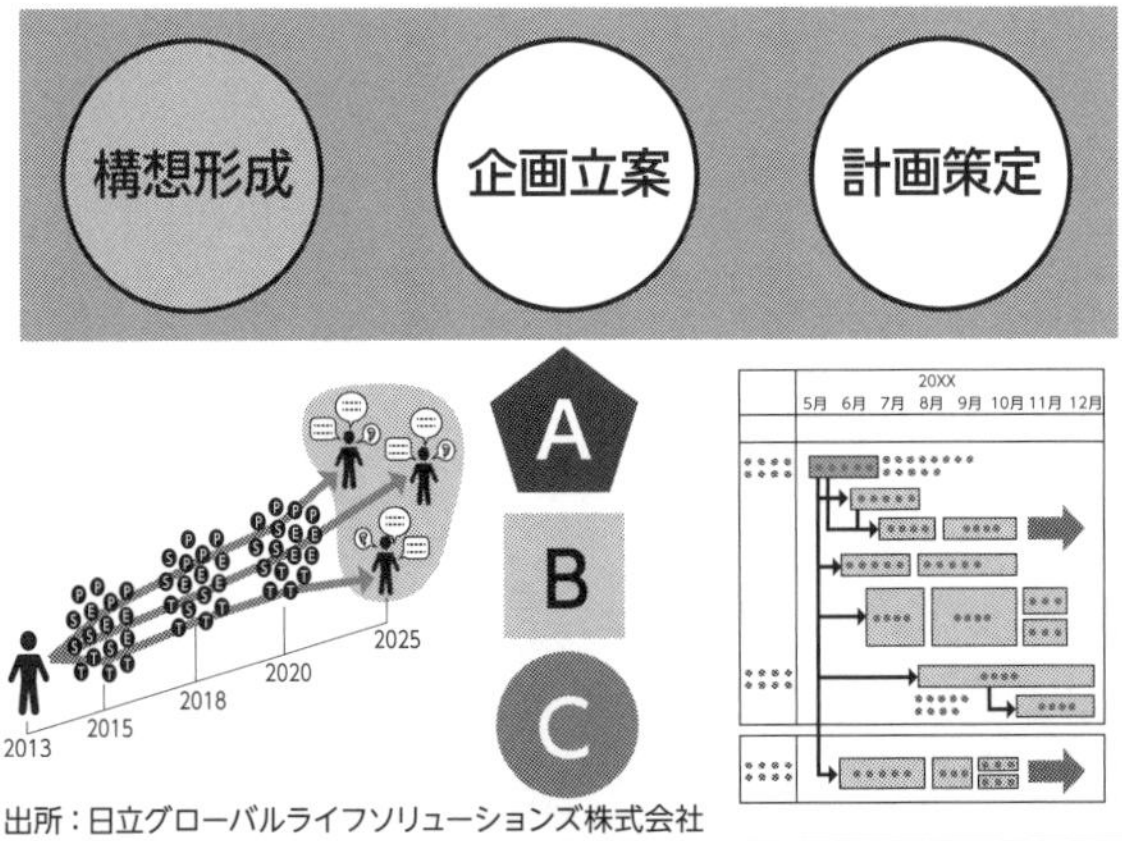

出所：日立グローバルライフソリューションズ株式会社

て間違いなく動かしていく。これは、日本企業がもっとも得意とするところですが、世の中が変わろうとしているときに抽象度の高い社会課題に取り組もうとするのであれば、企画からではなく、構想から入らなければなりません。簡単には企画案を作成できないような内容をしっかりとモデリングするアプローチが必須だと考えました」

「何のために」「どこが」「どのようにして」社会課題の具体的な解決に貢献していくのか。従来は重要視されてこなかった「構想形成」に注力していくために、日立製作所は生活者の価値を起点にサービスをデザインし、そこから生まれるイノベーションを重視する体制を整備している。その一つが、日立コンシューマ・マーケティング（家電・空調の販売・サービス業）と日立アプライアンス（家電の設計・製造および空調の販売・サービス業）の合併により、２０１９年４月に誕生した日立グローバルライフソリューションズでの取り組みだ。

「弊社の狙いは３つあります。１つ目

は、社名にあるようにグローバル市場への積極的な取り組みです。２つ目は、製販を統合し、バリューチェーンを一体化すること。３つ目がお客様にプロダクトではなくソリューションを届けることです。デジタル化が進み、社会環境や競合環境が大きく変化している中で、お客様の価値観や生活スタイルも以前とは大きく様変わりしています。現状分析から将来を予測する、あるいは小さな改善の積み重ねだけでは競争力のある製品やサービスを生み出すことは困難です。カスタマーエクスペリエンスを軸とした将来サービスの設計が欠かせません」

　高度にサービス化された社会において、消費者に重視されるのは機能や価格ではなく経験価値だ。B・J・２パインとJ・H・ギルモアは２０００年に刊行した共著『経験経済――エクスペリエンス・エコノミー』[*1]（流通科学大学出版）の中で、消費者は購入から使用、廃棄に至る一連のプロセスで得る経験に対して対価を払うようになると述べている。「同じ豆を使ってコーヒーを淹れても、コーヒーチェーン店で飲むのとラグジュアリーホテルで飲むのとでは価格が違います。同著ではその価格が異なる理由に目を向けなければならないとすでに指摘していました。どんなにおいしいコーヒー豆を使ったとしても、消費者が感じる価値は飲むときのエモーショナルな要素や満足度に左右されます。銀行の店舗も、いまや単にお金をおろすためだけの場所ではなく、そこでお客様にどんな経験価値

*1: Pine, B. Joseph II and Gilmore, James H, 1999. The Experience Economy, Harvard Business School Press, Boston.

を提供できるのかを掘り下げていかなければなりません。経験価値として求められる必要なサービスやプロダクトを導出していく必要があるのです」

「バックキャスト」の考え方を用いたビジョン駆動型の開発プロセス

経験価値から次なる製品・サービスの仕様や技術を導き出すために同社が採用しているのが、「バックキャスト」の考え方を用いたビジョン駆動型の開発プロセスだ。具体的には、10年後の顧客の望ましい暮らしの在り方をビジョンとして描き、そこから生まれるニーズの仮説によって次の製品・サービスの仕様や技術を開発する手法である（図表2－3－2）。

「この数年間、私が主に取り組んできたプロジェク

図表2-3-2　日立グローバルライフソリューションズ
「ビジョン駆動型ソリューション開発戦略」
ーバックキャスティングによる商品開発

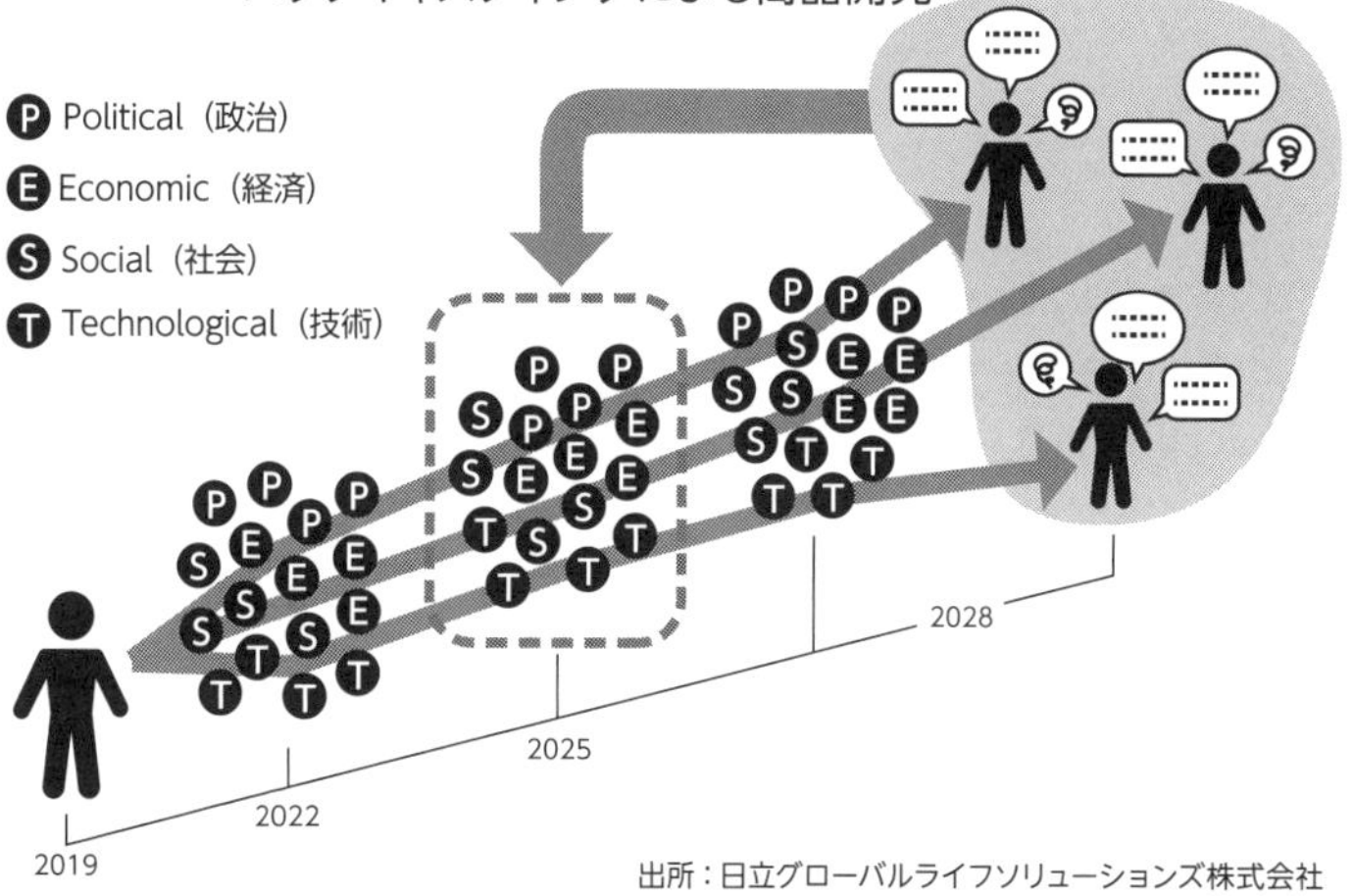

出所：日立グローバルライフソリューションズ株式会社

トは、日立製作所の社会インフラ提案に関わる要件定義のプロジェクトでした。そのプロジェクトでは、あるべき社会とそのためのソリューションに重きを置いてきました。ここでの私のミッションは、生活サービス分野における、装置産業のリソースを強みとして、描いたビジョンを実現するためのサービスやプロダクトをつくるにはどうしたらいいのかという実装のフェーズです。未来を描いたら、どうやってつくるのか、誰に向かった商品をつくるのかといったところにまでこだわって活動しています」

一般にシナリオ・シンキングやシナリオ・プランニングにおける「バックキャスト」は、未来のある時点での変化を仮定し、それが実現するための成立条件を探って、その変化に備える手法を指す。言ってみれば「失敗しないための対策」だ。

だが、丸山氏が言うところの「バックキャスト」はそうではない。

「私たちが試みているバックキャストは、お客様の新しい価値を探索し、新しい製品・ソリューションのご提供によって、お客様自身の望ましいライフスタイルを実現するお手伝いをする、そのようなアプローチの活動です。いわゆる未来予測ではなく、お客様の気持ちはどちらに向いているのかを自分たちで探り、お客様と共に歩むための羅針盤をつくっていくようなイメージです」

ビジョン駆動型の開発プロセスにおける「ビジョン」とは、社会や顧客に将来起こり得る変化を「きざし」として捉え、顧客の望ましい姿と、それを実現するソリューションのイメージを可視化すること。そして、将来の顧客に同社が提供するソリューションを描いていく。

「ビジョンをデザインできると考えたときに、デザイン思考を活用して最初に行う生活者の価値変化をリサーチすること、それが『きざし』です。政策や市場推計などの経済動向、日常生活に関わるニーズの調査、先端技術の普及見込みなど、幅広いトピックを情報ソースにした分析・発想の手法のことです」

「きざし」は、Ｐ（政治）、Ｅ（経済）、Ｓ（社会）、Ｔ（技術）に分けて、世界で起きている環境分析データを収集し、それらの掛け合わせから将来を洞察し、顧客の価値観変化を抽出する。変化によって台頭するであろう新たなライフスタイルを定義し、それに対応する事業の機会領域を想定し、どのようなソリューションが望まれるかを考察する手法だ（図表２－３－３）。

技術動向や客観的事実から直接導かれる予測としての将来像ではなく、将来に向けていま採るべき選択肢を導くために、ＰＥＳＴの視点で文献、Ｗｅｂを中心としたデスクトップリサーチを行い、２００５年から２０３０年までの要素を、時間軸とＰＥＳＴ軸にまたがって掛け合わせる考察を行っていく。

図表2-3-3　**日立グローバルライフソリューションズ「ビジョン駆動型ソリューション開発戦略」　ー「きざし」手法**

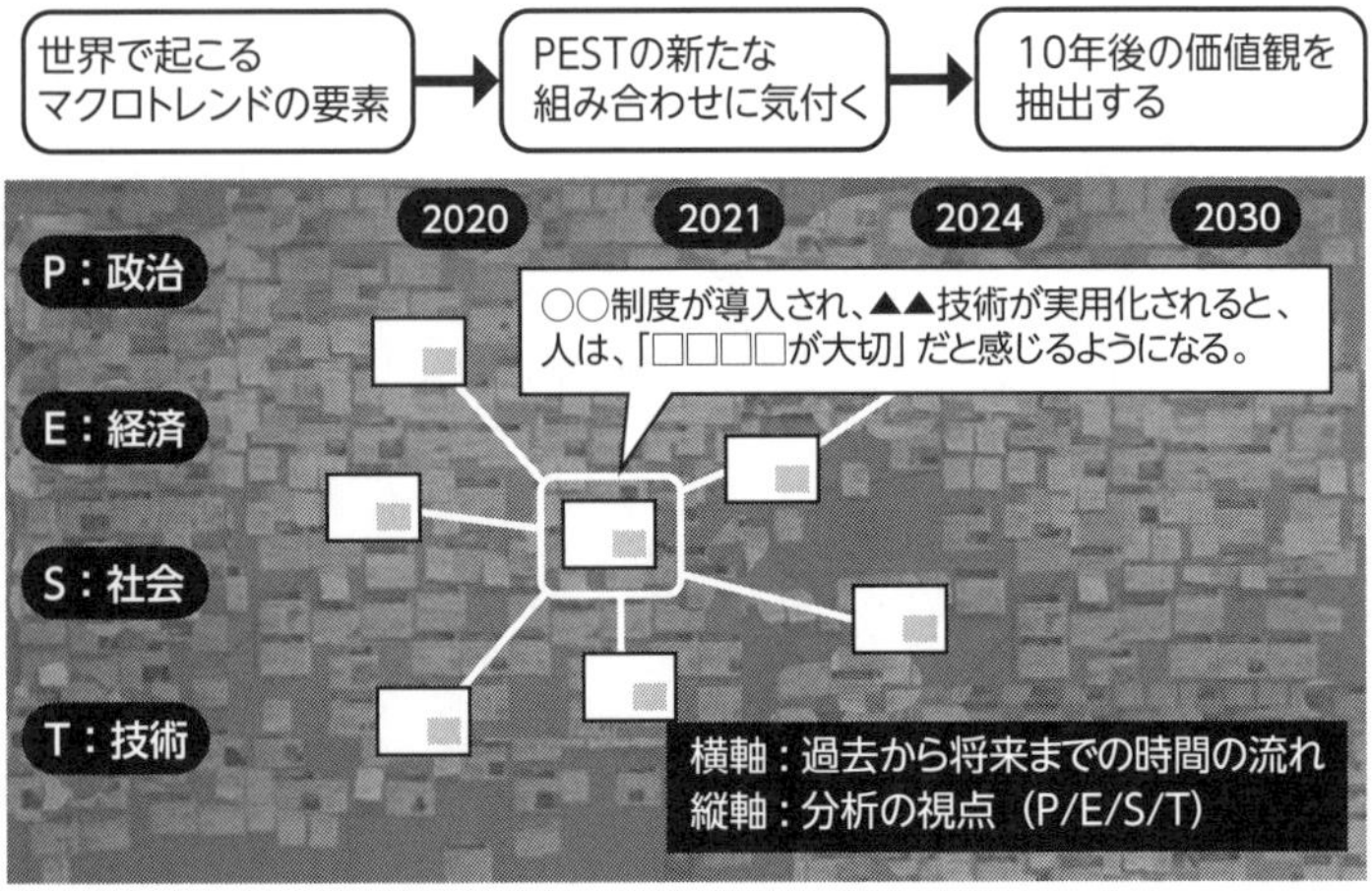

出所：日立グローバルライフソリューションズ株式会社

「具体的には、ＰＥＳＴ別に、将来こういうことが起こるというカードをたくさんつくり、それらを時系列で並べていきます。例えば、２０１０年にこういうことが起こるとされていたとか、２０２５年にはこういった現象が爆発するとか、新しいテクノロジーが生まれるといったことを各専門家がさまざまな文献にしているので、それらの文献調査を行い、集めたカードをそれぞれの時間軸とＰＥＳＴに分散させていきます。

その上で、カードを使いながら、例えば２０２５年にこうした制度が導入され、新しい技術が実用化されたとき、人は何を大切だと感じるようになるのかについてイマジネーションを膨らませていくわけです。人がその地点に立ったときにその事象をどのように捉え、感じるのか。いわゆるクラスター分析をかけていく。将来について、現在の延長線上で予測するのではなく、起こるかもしれないオルタナティブの未来を考えるために、人々の変化のきざしを捉え、『もしかしたら、将来、人々はこういう考え方や行動をとるようになるかもしれない』という観点をまとめたものです」

生活者がどのような状態であることを望ましいと考えているのか。それを推察しないままでは、生活者を支えるシステムやプラットフォーム、法律を作り出すことは難しい。生活者を起点に価値観を抽出する「きざし」とは、未来のユーザーの価値観をリサーチしているのである。

「自分らしい暮らしの実現」にこだわりをもつ生活者が台頭

では、「きざし」手法を使って同社ではどのようなソリューションを考察しているのだろう。

人口動態の変化や都市化の進行、環境負荷の低減といったトレンドについて、2028年ごろまでを視野に入れて未来洞察を進めた結果、新たなライフスタイルとして「自分らしい暮らしの実現」にこだわりをもつ生活者たちが都市部を中心に台頭してくると考察している。

新たな生活者の一つは、自身の価値観を重視し、好みのサービスや人とのつながりを使いこなしながら社会的孤立の不安や不便を上手に乗り越えて暮らしを楽しむ、独り暮らしを中心にした「Co-Singles」と命名された独り家族クラスターだ。

もう一つは、家族の価値観を重視し、互いの事情を調整しながら、ライフイベントに合わせて生活環境を変化させながら自由に暮らす、2~3人の少人数世帯を中心にした「Designed Family」と呼ばれる新・小世帯クラスターである。

こうした新しい生活者の価値観、すなわち「きざし」の一部を同社では以下のようにまとめている。

1. Connected Urban Soloists（衣・食・住・働）―つながり上手な都市の小世帯―

仕事や娯楽、医療などが充実した都市部には単身者や小世帯が集まり、とがった価値観を持つ層が台頭し、単身ゆえの不便さを補う商品やサービスが登場して、生活者は自身のこだわりの生活スタイルにふさわしいものを選び、それらを使いこなしていく。

2. Narrative Foodism（食・活）―食品ルーツが選択の基準―

食品の成分や効能を理解するリテラシーが上がり、かつ食事のスタイルは宗教、信条などの文化的要因や食品加工技術のイノベーションの影響を受けながら、より多様化していく。生活者の中には、趣味や娯楽として自ら生産に参加したり、購買ルートにこだわりを発揮したりするなど、食材にまつわる経験を自分なりに楽しむ人たちが出てくる。一方で、「自分が納得できる情報がないと、安心して口に入れることができない」という新たな摂食障害を引き起こす人々も出てくるかもしれない。

3. Work & Life Mosaic（働）―シゴトとイエゴトがモザイク化―

生産年齢人口減少による人手不足や働くスタイルの多様化が進み、政府や企業は抜本的な働き方改革を迫られている。ギグワーカー（単発の仕事を組み合わせて働く人々）やフリーランサーのように勤務時間やタスクを柔軟に組み合わせて働く人がさらに増加し、自分の生活環境や価値観に合う個別最適な働き方を一般化させて、やがて1日の中で複数の職と家事がモザイク状に交錯する生活スタイルが生まれてくる。

4. Meal for All（食・活）―孤食から美食へ―

ＳＮＳ上では、食に関する共感を目的とした個人的な発信や嗜好にフィルタリングをかけて強い関心を引きつける新たな飲食サービスの情報発信がさらに増加するだろう。情報は日々最適化が進み、関心が加速するとともに個別化されていくため、宗教上の禁忌や完全菜食主義などの生活信条に基づくコミュニティにおける、繊細な食に対する拘りが共有され、料理のシェアを許容するような価値観変化を引き起こすことも考えられる。

一方で、高齢者の嚥下《えんげ》・咀嚼《そしゃく》障害や、食物アレルギーなどは社会の中でメジャーな課題として認識されるようになり、味覚・テクスチャー・成分の制御技術を用いた新たなユニバーサルデザインフードに関する技術革新が進展すると予想される。

業務プロセス改革に通じる挑戦

「きざし」をつかむことは、商品・サービスを企画・開発するためのマーケティング行為にとどまらない。自分たちがどういう会社であるべきなのか、将来どうなりたいのか。そうしたビジョンを明確にする重要なステップでもある。

丸山氏は今後の挑戦についてこう語る。

「超高齢社会という社会課題に起因して、これまでになかった新しい価値観を生み出していくクラスターは、中国を始め、他のアジアの国ではまだ見られません。日本が最初に直面するユーザーグループです。これから日本と同じように高齢化と都市化を迎える国では間違いなく重要性を増してくる。このクラスターにフォーカスし、ソリューションを打ち出していけば、課題先進国の利を活かすことができるはずです。ビジョン駆動型の商品開発を通して、アジアの中でもう一度、存在感ある活動をしていきたいですね。もう日立の中だけでモノをつくっていればいい時代ではありません。外部にもどんどん発信し、みなで考え、そのビジネスエコシステムの中で自社が打ち出すべき製品は何か、サービスすべき領域は何かを考えてモノをつくるスタイルに変えていこうと、活動に取り組んでいます」

ビジョン駆動型開発プロセスを導入し、他に先んじて新たな価値の創造に挑戦している日立グローバルライフソリューションズ。その歩みは業務プロセス改革そのものであり、ある種の経営改革を遂行しているともいえるだろう。

2.4 まとめ：先駆者が導き出した成功のための要素

３社の事例から読み取れるＤＸ成功の鍵は何だろうか

１例目のＭＳ＆ＡＤインシュアランス グループ ホールディングス船曳氏の取り組みは、ＤＸの目的に顧客体験（ＣＸ）価値の向上と、業務生産性向上・高度化などのオペレーション・エクセレンスの両輪のマネジメントの重要性を、改めて認識させられる。商品・サービスのデジタル対応やデジタル技術を活用した顧客接点の強化や、業務プロセス改革を、バラバラに推進することが、リバウンドの要因となっていることを前述した。また、両輪を回すためには、改めて、業務工程の全体を、技術を使って利便性を高め、消費者目線でプロセスとサービスを変革することが必要であることを確認しておきたい。

２例目の東芝島田氏のストーリーは、ＤＸを進める上での要諦としても、非常に示唆深い話であるとともに、プラットフォーム化を目指す事例としても、学ぶものが多いと思う。「仕事の領域をずらす」（＝ビジネスモデルの変革・進化）という視点の変化を強調されていたが、ハードウェアやソフトウェアなどのプロダクト・ビジネスからの「ずらし方」、強みであるプロダクトをそのままのビジネスにするのではなく、まず、プラットフォームに持っていく絶え間ない努力に、日本企業にとってのＤＸに対する１つのヒントがあると思う。

最後の日立グローバルライフソリューションズの事例は、変化の激しい時代における商品・サービス開発のあり方、もっと言ってしまうと、顧客価値の作り方に対するチャレンジである。社会課題解決を視野に、「企画」起点型から「構想」起点型への発想の捉え直しと、経験価値への固執は、トランスフォーメーションそのものであり、デジタルを活用する目的の明確さを感じる。クラスター分析に加え、新しい顧客価値創造の「きざし」を捉えていく活動は、丸山氏の言う「ビジョン駆動型ソリューション開発プロセス」の軸になっているものだが、定常的にきざしを捉え、新しい世界観（ソリューション像）に向けて顧客と対話していくためには、Ｒ＆Ｄの領域に限らず、全社的な業務改革活動にまで波及することは想像するに難くない。効率化・高度化だけでなく、ビジネスモデルそのものの変革を軸に据えたきわめて明快なＤＸモデルである。

最後に、今回、お話を伺ったＤＸ先進企業３社の共通項として、改めて補足しておきたいことがある。

お話を伺った３名の方々には、共通してリーダーシップの力強さや、こういう不透明な世の中で、新しい世界観を一緒に作っていきたいと思わせる改革者としての人を引きつける力の両面が保持されていることを感じた。

テーマは別として、それぞれの領域で、顧客価値にこだわり、求められているものが何かということへの継続した探求心や、そこから求められる組織横断・全社目線での必要機能の最適化・並べ直しに対する、妥協しないであろう姿勢を強く感じた。この意味では、３名の方をはじめ、ＤＸを成功に導くリーダーの共通の資質の１つとして、パーシステンス（しつこさ）があると思う。

また、東芝島田氏の話にあった、１００回以上のプレゼンを行った後のさまざまな説明の仕方への工夫や、ピッチ大会など自分たちで考えるように持っていくための努力の話は、改革の現場を巻き込むことなしにＤＸが成立しないことを再確認させられる。このような理想像を現実のものにコンバートしていく原動力の中心には、改革のリーダーたる方々の存在と、変わるために何が必要かを繰り返し考え続けている彼らの継続的努力が不可欠ということである。

第3章

PwCが考えるこれからの中核DXアジェンダ

ＤＸ推進を支援するＰｗＣメソドロジー

ここまで、ＤＸ全体のフレームワークと実現に向けた要諦をいくつかの角度から説明させていただいた。ＰｗＣでは、ＤＸ推進の要所を押さえるための鍵となるメソドロジーを複数保持している。その中から、今回は、環境適応力を高めることに寄与する５つのメソドロジーを紹介させていただく。

① Fit for Growth――成長に向けた全社構造改革のためのＤＸ全体像を描き出し、環境変化に合わせた施策ポートフォリオをダイナミックに構築する

１つ目のFit for Growthは、コスト構造の改革により経営資源を捻出し、それを自社を差別化する成長事業に投資し、さらにはこれを持続化できるような組織構造を構築するという成長のための最適化フレームワークである。企業のケイパビリティに着目し差別化領域を特定し集中投資する一方、非差別化領域はコスト削減と組織の最適化を行い、既存の枠組みにとらわれず、戦略実行に最適な企業の姿を再構築するところが、一般のコスト削減や企業変革方法論と異なる。ＰｗＣのＤＸ全体像においては、企業のデジタル戦略・施策を立案する「ＤＸ戦略」を支援するものとして位置づけている。

②アナリティクス＆ＡＩトランスフォーメーション（ＡＸ）――変化に俊敏に対応するためのデータ駆動型企業への変革、包括的なアプローチでアナリティクス／ＡＩを全社に埋め込む

アナリティクス＆ＡＩトランスフォーメーション（ＡＸ）は、アナリティクスやＡＩを活用したビジネスモデルの再構築を進めるためのフレームワークで、企業がアナリティクスやＡＩを導入する際に直面する課題に対して、その解決に必要となる6つの成功要諦を踏まえた実践的なものとなっている。データ活用のためのインフラ整備の側面だけでなく、データのガバナンスやデータを活用する人材スキルや組織カルチャーなど、継続的な運営体制の構築までをカバーしている。ＤＸ戦略や施策を検討・評価する際のデータ活用・分析を推進する「データマネジメント＆アナリティクス」を支援するものである。

③組織文化・人材（新たな世界。新たなスキル。）――ＤＸの土台となる変革に強い組織文化・人材面での進化を仕掛ける

組織文化・人材（新たな世界。新たなスキル。）は、デジタル社会への知識と理解を深め、スキルを改善できるよう支援するＰｗＣのアップスキリングイニシアチブで、技術革

新の急速な進行により企業が必要とするスキル自体も常に変化している状況に対応するためのものである。ＰｗＣでは、これをコーポレートレスポンシビリティ活動の基軸に据えることで、自社の従業員に対してのみでなく、アップスキリングが社会全体へ波及することを意図している。あらゆるＤＸ施策の成否を最終的に分ける要素となる組織文化・人材を変革するためのもので、「デジタル人財獲得戦略」を支援するものである。

④ＤＸ経営ガバナンス――ＤＸの施策実行にとどまらず、デジタルトラスト／ガバナンス軸からの推進により、新領域・不透明な環境でのトランスフォーメーションにおける経営の質を向上させる

　ＤＸ経営ガバナンスは、成長するためのＤＸ推進と、安定性を高めるためのリスクガバナンスを融合したメソドロジーで、ＤＸ施策の方向づけから、ＤＸ施策の実態に基づくリスク分析や価値評価に至るサイクル全体をカバーしている。ＤＸ推進を支えるガバナンスに着目し、企業価値の維持・向上につなげる戦略的ＤＸへの転換を促す考え方である。ＤＸ戦略をトラスト＆ガバナンスの観点で推進する「ＤＸ経営ガバナンス」を支援するものである。

⑤ CDO／デジタルリーダーシップ――非常に速いスピードで、大きく変わる経営環境下でのトランスフォーメーションジャーニーの舵取り、全社横断的リーダーシップを確立する

最後のCDOは、経営課題を特定し、その解決に向けてデジタル変革を推進するという役割を持つ企業の責任者に関するPwCの考察と提言である。DX戦略やDX施策を立案し、必要な人材を手当てしたとしても、変革といういばらの道を進んでいくには、目的地とそこに至るまでの道のりを見定め、引っ張っていく船頭が欠かせない。PwCでは、人材・組織・カルチャー改革に関する経営アジェンダとして「CDO／デジタルリーダーシップ」を位置づけている。

これらPwCが持つキーメソドロジーの詳細を、次節以降で説明させていただく。

3.1 Fit for Growthのフレームワーク

環境に適応し進化するためのフレームワーク

COVID-19[*1]は日本を含め、世界の企業に甚大なインパクトをもたらしている。ＰｗＣが実施したグローバル調査では、約80％の企業は対応策としてコスト削減を掲げているという結果が得られたが、はたしてコスト削減だけでこの未曾有の危機を乗り越えられるだろうか。

中長期的に見ても企業を取り巻く経営環境が以前の状態に戻ることはない。いま必要なのは単なるコストカットではなく、環境は変化するという前提のもとでこれまでの戦略の見直しを図ることだ。事実、多くの経営者がそのような認識を持っている。

こうした状況下で、デジタルが企業の環境変化における対応力を規定する要素になっていることがますます明確になってきた。環境に適応していかに進化を遂げるか。これは間違いなく新しいＤＸの要件であり、ＤＸはまさに待ったなしの経営課題である。

*1: PwC's COVID-19 CFO Pulse https://www.pwc.com/gx/en/issues/crisis-solutions/covid-19/global-cfo-pulse/may-11.html

では、環境に適応して成長し、進化するためには何が必要なのだろう。ＰｗＣの戦略コンサルティングを担うStrategy&ではかねてから、検討に有効なフレームワークとして「Fit for Growth」[*2]（成長のための最適化、以下ＦＦＧ）を提唱してきた。「Fit」とは、企業が環境や戦略に「適合した」状態であると同時に、「贅肉がなく」「健康な」状態も表している。つまり、ＦＦＧとは余計な枝葉を剪定して経営資源を捻出し、成長事業に振り向ける一連の変革だ。変化に応じて毎回毎回対応するのではなく、ある一つの軸を持って企業の力を見つめ直す枠組みであり、手法である。

このＦＦＧのフレームワークには３つの原則がある（図表３-１-１）。

1. 自社を差別化するケイパビリティ（自社が他のどの企業よりも得意とすること）に焦点を当てる
2. それらのケイパビリティに合致するようにコスト構造を適合させる
3. 成長のための組織を作る

1では、コスト構造の改善で得た資金を持続的なケイパビリティに投資する。2では、営業やサービスといった前線からバックオフィスを担う後方業務まで慎重に選択し、明確

*2：Fit for Growth は、PwC Strategy& の米国における登録商標。

図表3-1-1　「成長のための最適化」フレームワーク

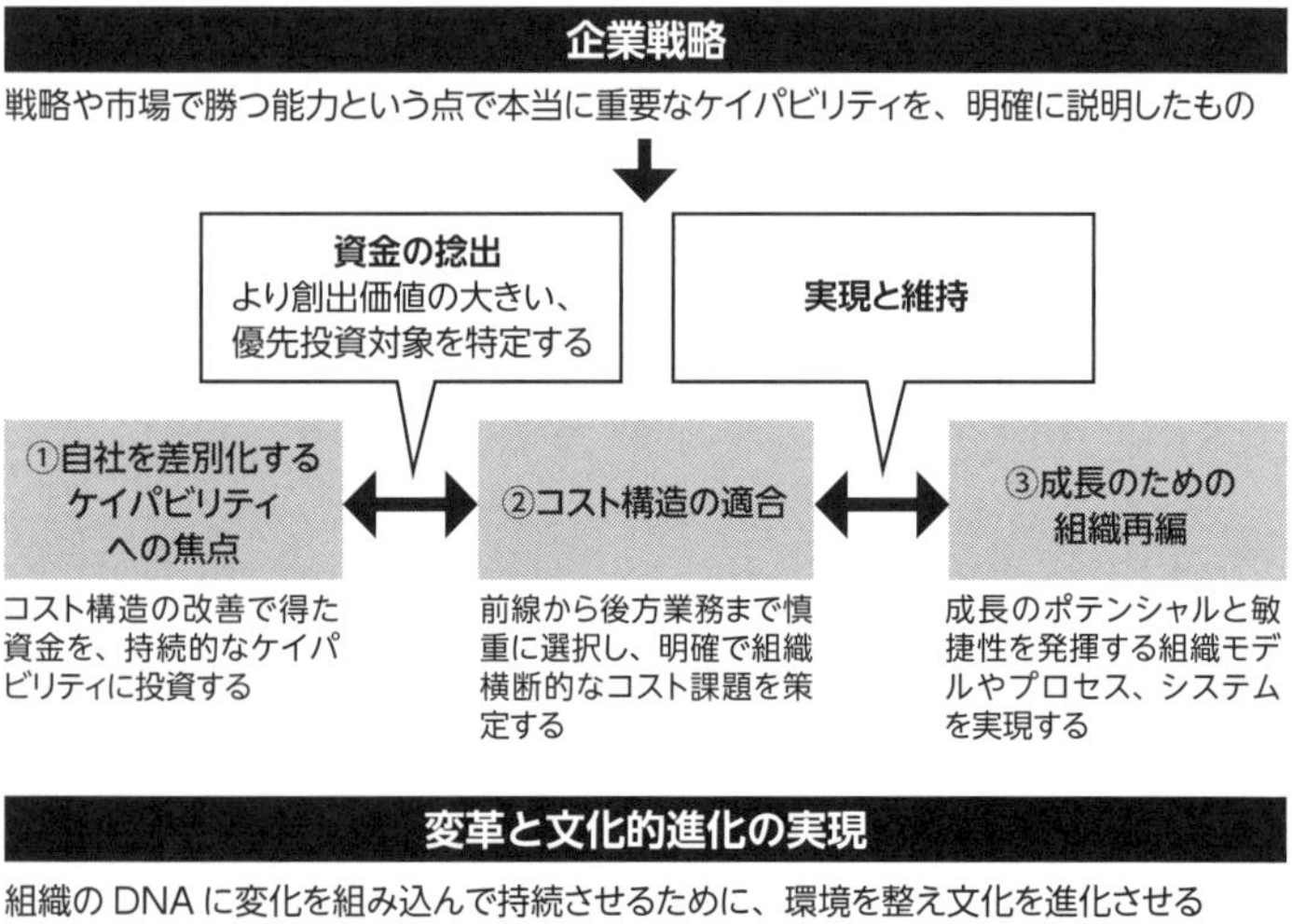

出所：ヴィネイ・クート，ジョン・プランスキー，デニス・キャグラー著，PwC Strategy&訳『成長への企業変革 ―― ケイパビリティに基づくコスト削減と経営資源の最適化』ダイヤモンド社．2017.

で組織横断的なコスト課題を策定する。そして3で、成長のポテンシャルと敏捷性を発揮する組織モデルやプロセス、システムを実現する。成長戦略とコストを結びつけることでより大きな成果を得るアプローチ、それがFFGだ。

企業のケイパビリティに着目し再構築する

FFGと他のコスト削減手法や企業変革手法との大きな違いは、ケイパビリティに着目した上で企業の姿を再構築する点にある。単に部門別や費目別にメリハリをつけるのではない。成長領域に集中的に投資をし、そうではない領域についてはコストを下げるのだ。

着目するのは企業を動かしていく能力（＝ケイパビリティ）そのものであり、どのケイパビリティが成長戦略を実現していくために必須であり、差別化要因になるかを特定する。戦略を実行する上で最適な構造に自社を変化させていくのである。

企業のケイパビリティは、以下の4つのカテゴリーに分けられる（図表3－1－2）。

①　自社を差別化するケイパビリティ

②　テーブルステークス[3]：そのセクター（部門）で競争するための必要条件、同業他社でも必ず備えているケイパビリティ

③　つけっぱなしの明かり：事業運営を維持するための基本的なケイパビリティ

④　不要：事業環境や戦略の変化により、もはや必要のない業務

②の「テーブルステークス」は、コスト効率と費用対効果の双方を実現するための適切な水準を設定し、それを実施していくカテゴリーだ。③の「つけっぱなしの明かり」とは、法務や税務、規制対応、施設管理などが含まれる。とことんコスト効率を追求し、費用や人的リソースの双方で最小化を目指していくカテゴリーと考えるとわかりやすいだろう。

*3：ポーカーなどに参加する際に必要となるチップから名付けたもの。

図表3-1-2　**ケイパビリティのタイプ別支出**（イメージ）

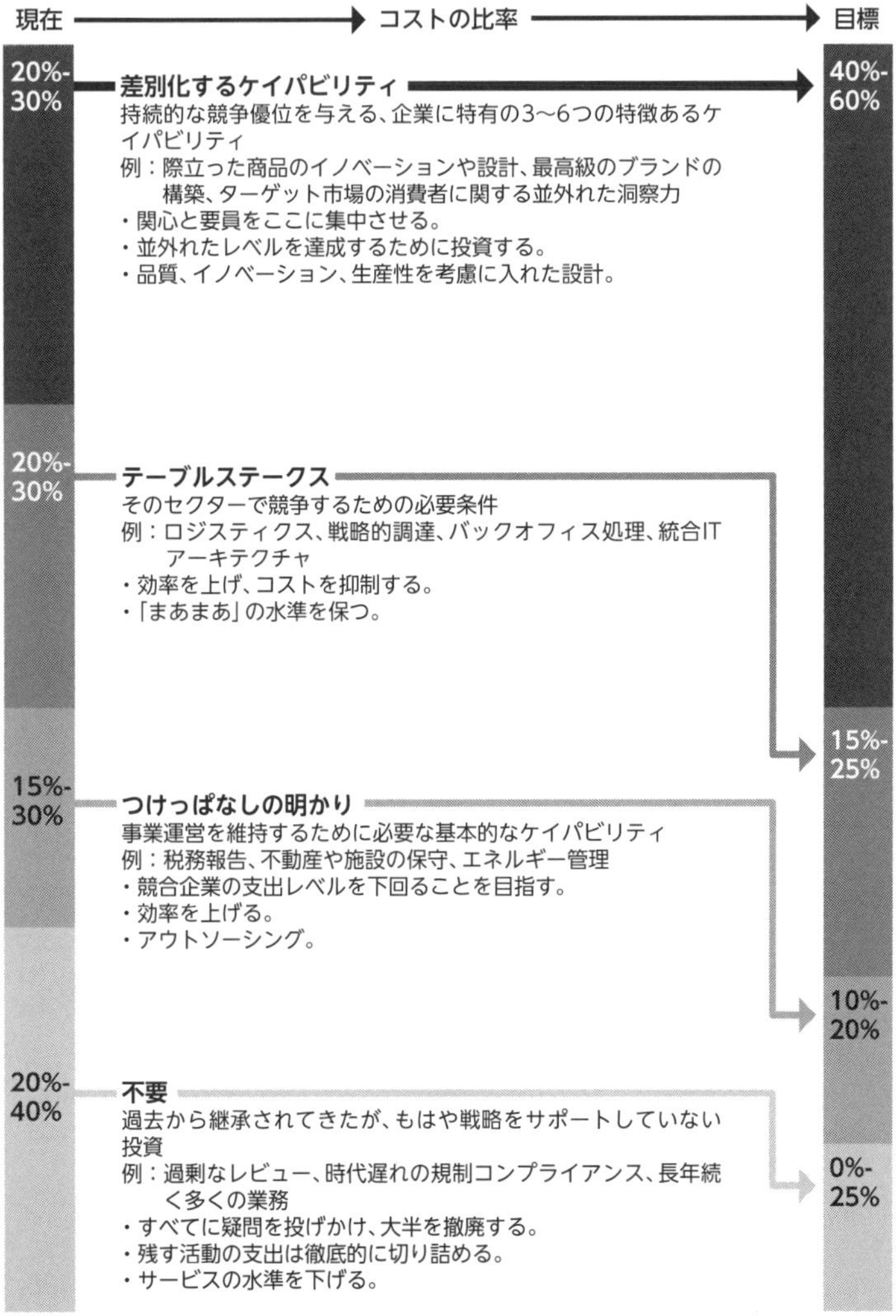

注：コストの比率（%）は広範なクライアントの事例に基づいた説明のための数値である。

出所：ポール・レインワンド，チェザレ・メイナルディ著，PwC Strategy& 訳『なぜ良い戦略が利益に結びつかないのか ―― 高収益企業になるための5つの実践法』ダイヤモンド社，2016.

④の「不要」については、文字通り必要がないものであり、撤廃ないしはサービスレベルの根本的な見直しを行う必要があるカテゴリーだ。

このように4つのケイパビリティに分けてコスト構造を見直すことで、より直接的に戦略に適合しやすくなる。コスト構造の見直しを図るとき、ともすれば現状の組織別のコストを是とし、いかに効率化を図るかという視点に陥りやすい。だが、ケイパビリティに立脚して、戦略が導く将来のあるべき姿から逆算してメリハリをつけていく。

組織と切り離して議論することで、社内政治に足を取られにくくなり、ゼロベースや効果的な施策につながる議論も可能になる。FFGとは、小手先の議論ではなく大局的議論を交わす手法であり、未来志向型のアプローチとも言い換えられる。

情報のバケツリレーを廃止した大手産業財メーカー

FFGの枠組みを使ってDXを構想し実行していくために、ある大手産業財メーカーA社の取り組みを例にあげたい。

この会社では、現場でDXを草の根的に進めてきたが、役員レベルや経営トップは自社にとってDXがどのようなものであるべきかのビジョンが曖昧だったことから、見直しに着手することになった。すると、社内で様々な問題が起きていたことが明らかになった。

DXを進めようにも社内の熟練技術者は減少し、人材不足が著しく、予算も不足気味だったのだ。現場はリソースの欠乏のしわ寄せを受け、実務を引っ張る社員は疲弊しきっていた。

そこでDXを推進するためにA社はFFGのフレームワークを活用し、まずはDXに必要なコストや人材の捻出に向けて、現場診断を徹底して行った。その結果、現場では情報のバケツリレーが繰り返されていたことが発覚した。現場でとったデータが一つ上の部署に行き、次にその上の部署に行く、いますぐに見たい情報が何段階ものリレーを経なければ手に入らないという状況だったのだ。多大な工数がそれらに費やされているのみならず、スピーディな意思決定の阻害要因にもなっていた。

そこでA社は業務診断を行って情報のバケツリレーに要していた工数を算出し、どれだけ自動化が可能なのかという切り口で5段階評価を実施した。さらに、本当にコアな業務とそうではないノンコアな業務という視点から必要な業務を割り出し、それ以外は即座に廃止を検討した。

また、情報にアクセスしやすいように、オリジナルのデータを一つの統合したデータベースに格納し、見たい人が見たいフォーマットですぐに見られる環境の整備を進めている。データは部署ごとに保有するのではなく、全社共有のものという考えに基づき、データ基盤を整備することでバケツリレーの廃止にこぎつけ、ＤＸを遂行するためのFit（最適化）を実現した例である。

最終的な目標は顧客の生産性改善にある

A社が持つ自社を差別化するケイパビリティの一つは、製品を安定してタイムリーに供給する能力だ。当たり前に聞こえるかもしれないが、製造業にとって、安定供給は絶対にはずせない重要性の高いケイパビリティだ。また、徹底した品質管理も優先順位が高い。しかし、最終的に追求すべきは自社製品のユーザーである顧客生産性を改善することにある。

積極的に構築すべきケイパビリティを明確に定義づけたA社は、顧客へのタイムリーで安定した製品供給を行えるバリューチェーンの整備に着手した。開発から調達、生産、販売、アフターサービスに至るまでの一連のプロセスをしっかりとつなぎ、リアルタイムで可視化し、顧客情報を積極的に取得できる体制を追求し始めた。実現すれば、過去の実績やトレンドだけに頼ることなく、顧客の製品利用状況に合わせた精度の高い需要予測も可能になる。

製品の品質について調べたところ、複数の工程で人手が入り、属人性が高く、人が判断している局面が目立ったため、検査業務や不具合情報の登録など徹底的なデジタルへの置き換えも行った。また、製品が市場に出た後で不具合が見つかった場合、すぐに回収できるトラッキングシステムを整え、情報を開発や製造ラインに迅速にフィードバックし、製品に反映させ改良する仕組みづくりも推進中だ。デジタルを活用し、「能動的な品質管理」を高度化させるのだ。

顧客の生産性改善は「売ったら終わり」ではなく、顧客が実際に製品を使っている現場をモニタリングする、あるいは自社で再現して、顧客の生産ラインで使われた場合、どのように変化していくのかシミュレーションできるようにしている。顧客のもとで製品がどのように使用されれば生産性が上がるのかを自ら検証し、実践する。そんなビジネスモデルへの転換をいままさに進めている。

デジタルテクノロジーを駆使しデータを活用すれば、顧客のさらなる悩みごとや、潜在的な問題の発見も不可能ではない。生産性向上のヒントは現場に多数横たわっている。問題が起きてから動くのではなく、可能な限り未然に防ぐ。そして、生産性を上げていく方法を顧客に提案し、新しい価値を創出していく。それがＦＦＧから導き出したＡ社の成長戦略である。

新しいアングルで企業のケイパビリティを見定める

コスト削減にフォーカスするフレームワークはいくつもあるが、成長とコスト削減の両方を一気通貫で追求するＦＦＧのようなフレームワークはほとんど例がない。コスト削減でケイパビリティに着眼しているのもＦＦＧの斬新な点だ。単なる選択と集中の手法とはまったく異なる点である。とはいえ、ケイパビリティを特定する作業はそう簡単ではない。企業の真の価値、どこに重きを置き、経営資源を集中すべきかをとことん突き詰めるプロセスが求められるからだ。

ケイパビリティを特定することは、企業を新しいアングルで見ることだ。大所高所から企業をどうトランスフォームしていくかという経営者目線である。

ＤＸの前に必要なのは、いま自分たちがどのように変わらなければならないか、何をやらなければならないかという目線で企業を見つめ直すプロセスだ。ＤＸをコスト削減や業務改善だけで語ってはいけない。「Ｗｈｙ」の視点がなければ、迷走を招く。その上で、「ではデジタルによって何ができるのか」という発想が求められる。

ＦＦＧのフレームで、ビジネスモデルと市場環境を整理し問題を洗い出すことがＤＸ成功の鍵であり、企業を成長へと導くことになる。

3.2 アナリティクス&AIトランスフォーメーション（AX）

企業が抱える構造的、組織的、行動的な課題

データやアナリティクスを戦略的なツールとして活用することは、現代企業の必須命題だ。最先端の技術トレンドの目まぐるしい移り変わりやテクノロジーの飛躍的な進化を背景に、企業は指数関数的に増加していくデータをより革新的に収集し活用する方法を見出そうとしている。高度な分析やＡＩを活用することで、既存のビジネスを破壊し、製品やサービス提供の手段を革新したビジネスモデルを再設計しようとしている。

しかし、組織に分析やＡＩ活用の土台を作り、根付かせ、構築することは至難の業だ。実現するためには、構造的、組織的、行動的な課題を解決しなければならない。ここで企業が内包している課題をまとめてみよう。

1. 構造的課題

・どのデータを活用すればいいのか分からない
・データの仕様が整理されておらず、データ調査に時間がかかる
・専門スキルを持つ社員がおらず、分析の設計ができない
・データの分析結果を実際のビジネスにつなげられない
・ＩＴインフラが古く、大量のデータを分析できない
・システムが乱立し、維持費が高騰する

2. 組織的課題

・アナリティクス担当者が各部門に分散している。また、個人のスキルに依存している
・新規事業創出への関心が薄く、アナリティクス活用のモチベーションが低い
・ＡＩ活用推進組織への投資対効果に漠然とした不安があり、意思決定できない
・誰が責任を負うのか、ガバナンス構造が不透明
・組織横断的な問題に対する解決力が欠如している

図表3-2-1　**アナリティクス&AIトランスフォーメーションを導入する際の成功要諦**

アナリティクス・AIを導入する際の障壁は、すでにグローバルでは検討されている状態で、現状6つの成功要諦に収束している

AXを検討・導入する上での成功要諦

01	AI活用を推進するという経営判断から開始
02	本格導入前にデモによる価値展観
03	現場の直感とデータによる意思決定の融合を促進
04	データの信頼性を担保したビッグデータの利活用
05	トライアル&エラーを許容する組織文化の醸成
06	検討開始時からリスクヘッジ方針を検討

3. 行動的課題

・直感的な意思決定が根付いており、データドリブンな意思決定を行う習慣がない

・失敗を許容し、素早く軌道修正する組織文化がない

・情報共有が不足している

・短期的な解決策を重視し、長期的な視点が抜け落ちている

3つのフェーズと6つの要素で構成されるＡＸソリューション

このような課題を解決し、組織に分析やＡＩ活用の土台を構築していくには、以下の6つの成功要諦を踏まえることが必要だ（図表3－2－1）。

01　ＡＩ活用を推進するという経営判断を行う：持続的に推進するためには、経営トップがコミットすることが必要。

02　本格導入前にデモによる価値展観を行う：ビジネスでの実装を前提にＰｏＣに取り組むことが重要。

03　現場の直感とデータによる意思決定の融合を促進する：現場のメンバーがデータ利活用に取り組むことで新たな価値を生む。

04　データの信頼性を担保したうえでビッグデータの利活用を促進する：データの信頼性がＡＩによる分析結果の信頼性に直結する。

05　トライアル＆エラーを許容する組織文化を醸成する：実行レベルの成果を検証し、アジャイルに軌道修正する文化が必要。

06　検討開始時からリスクヘッジ方針を検討する：個人情報の利活用にはどんなリスクがあるかなど、事前に検証する。

これら６つの成功要諦を押さえつつ、ビジネス変革の実現を支援するためにＰｗＣが提供しているのがＡＸソリューションだ。

このＡＸソリューションとは、データを利活用してビジネスを推進していくために、どのようなアプローチの仕方があるのか、何に取り組むべきかが漠然としていてわからない

図表3-2-2　**AXソリューションを構成する「3つのフェーズ」と「6つの要素」**

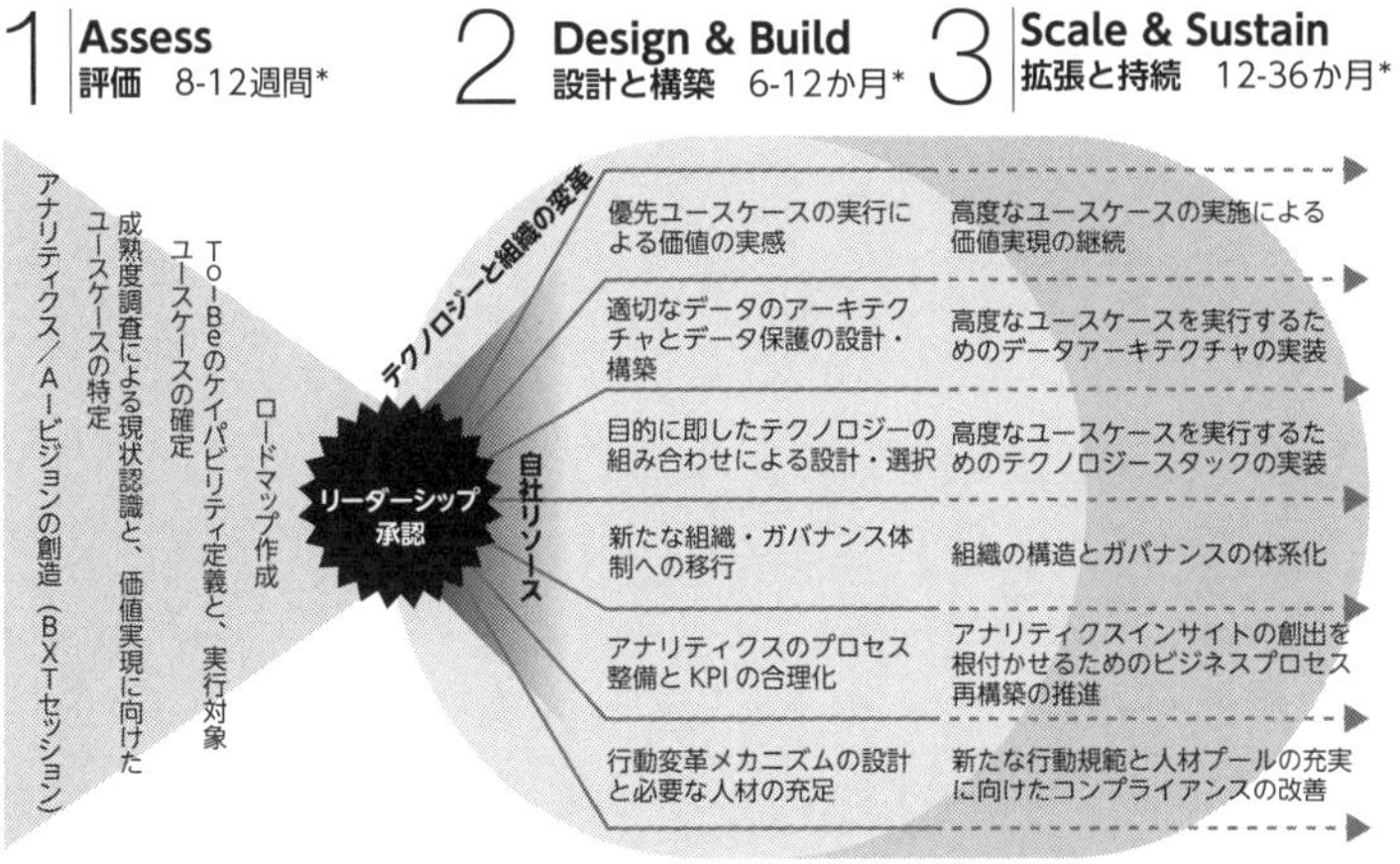

＊タイムラインは、取り組みのスコープによって異なる。短い期間であるほど小規模案件であり、長い期間になるほど企業レベル単位の大規模案件となる。

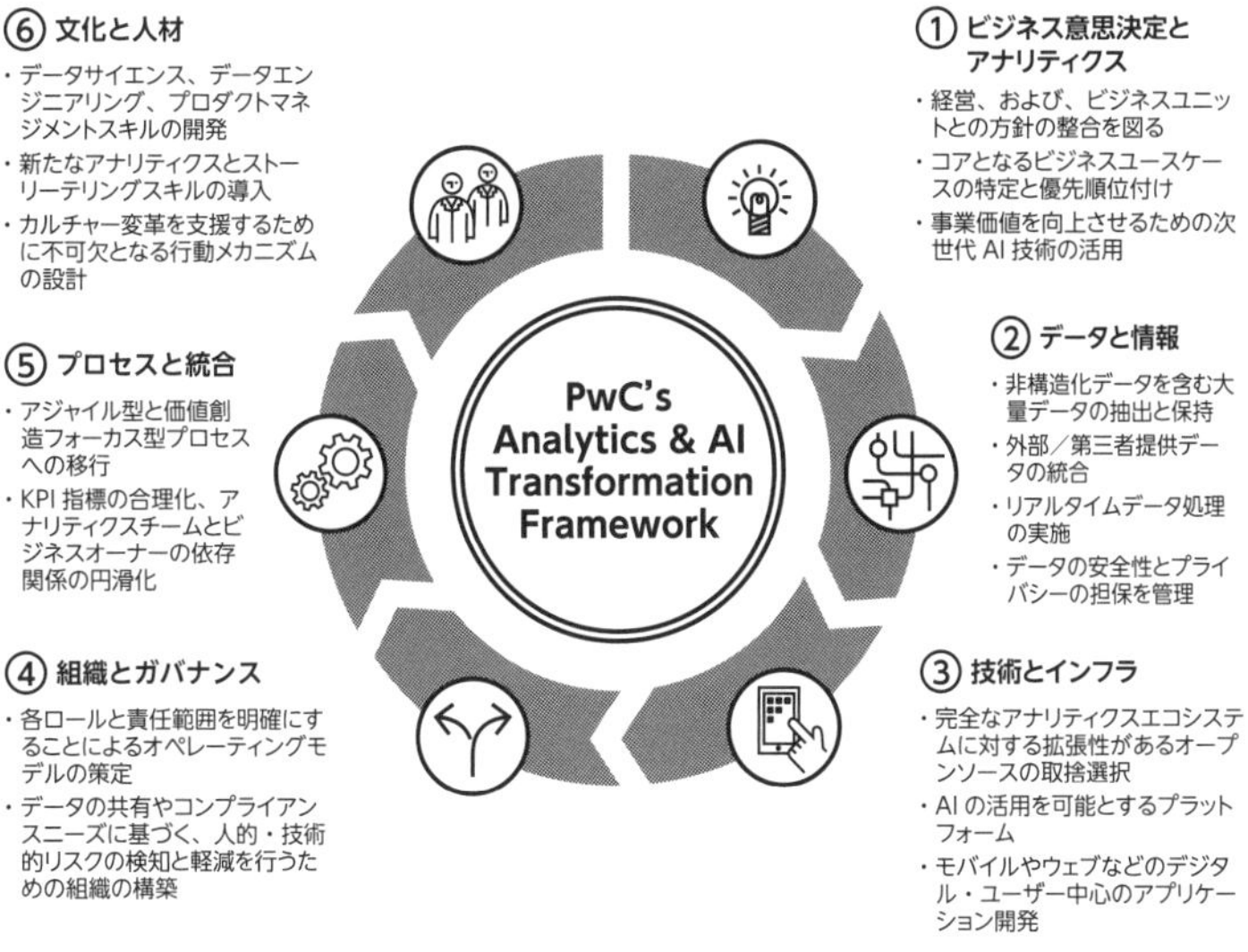

という企業を支援する際に用いられるフレームワークである。

図表３－２－２にあるように、ＡＸソリューションは、「評価」（Assess）、「設計と構築」（Design & Build）、「拡張と持続」（Scale & Sustain）という3つのフェーズと、①ビジネス意思決定とアナリティクス、②データと情報、③技術とインフラ、④組織とガバナンス、⑤プロセスと統合、⑥文化と人材という６つの要素で構成されている。

まずは、３つのフェーズについてそれぞれ解説しよう。アセスメントは、文字通り、いま企業がどのような状態にあり、何ができていて何ができていないのかを明確にし、評価するフェーズだ。ここではＰｗＣと米国カーネギーメロン大学が共同開発したフレームワークを用いて現状を可視化し、目指す姿とのギャップを明らかにしていく。

具体的には、前述した６つの要素で構成されたアセスメントシートを使用して成熟度調査を行う（図表３－２－３）。このアセスメントシートは、データの活用状況やデータを活用する文化が企業の中にどれだけ醸成されているか等を測るツールだ。アセスメントを通して、企業は自分たちの「As is（現状）」をつぶさに知ることができる。

成熟度調査は企業が持つ技術力や環境の整備状況を見るだけではない。データ活用に向けてのポジティブな文化が社内に醸成されているかといった、単なる技術的な診断ではうかがいしれない部分まで診断できるのが大きなメリットだ。

図表3-2-3　「Assess」フェーズの検討観点とツール

PwCの成熟度調査フレームワークでは、現状と目指す姿について特定の対象者にヒアリングを実施し、設問ごとに5段階で評価します。今後取り組むべき領域を明確化し、それを基に施策やロードマップを策定します。

評価対象領域と論点

ビジネス意思決定とアナリティクス	既存の分析は過去に対する分析なのか、それとも過去と将来の両方に対する予測をしているのか。
データと情報	現在のデータ構造は、どの程度のアナリティクス要件に対応可能なのか。
技術とインフラ	どのデータベースで、どのような情報を収集しているのか。
組織とガバナンス	アナリティクスをする際の標準化されたプロセスが組織として構築されているのか。
プロセスと統合	データガバナンスをどのように実施しているのか。
文化と人材	アナリティクスツールを一般ユーザーまたはデータサイエンティストに訓練するプログラムは存在するのか。

成熟度調査フレームワークと取りまとめ

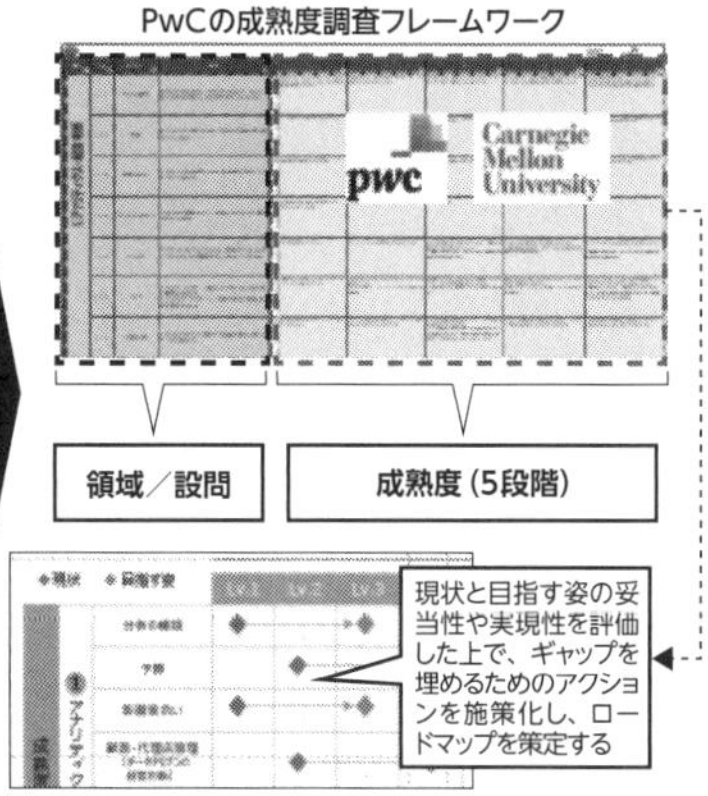

成熟度調査を通じて目指すべき方向性と現状とのギャップを明確にし、どのようなユースケース（アナリティクスやAIの業務での活用方法）を実行していけば、やりたいことが実現できるのかを提示していく。それらをロードマップに落とし込んでいくまでが、アセスメントフェーズだ。

デザイン&ビルドフェーズの肝は「ビジネス意思決定とアナリティクス」

ロードマップを作成したら、次のデザイン&ビルドフェーズに入る。この段階では、ビジョンやロードマップに基づいてユースケース等の施策を実行し、新たな価値創出に向けたケイパビリティを開発する。

このフェーズも６つの要素で構成されている。このうち、一番の「肝」となるのが、①ビジネス意思決定とアナリティクスである。まずはＡＩによるデータ利活用を推進したい業務や事業部門を特定し、課題を確認する。次に、この対象事業部門のメンバーやＡＩ活用推進組織のメンバー、ＡＩ活用推進に責任を持つ役員などが参加するワークショップを開催する。このワークショップで、実施可能と思われるユースケースや、類似の課題を解決した具体的事例を、ＰｗＣが保有するデータベースの中から紹介する。他社事例を参考に自分たちは何を実行するべきなのか、何ができるのかを議論し、アナリティクス活用のユースケースを特定していく。

②データと情報は、自社がどのようなデータを保持しているのか、そのデータのクオリティは担保されているのか、ユースケースを実行するためにはどのようなデータが必要なのかといった分析を行う「元」となる「データ」に関する取り組みテーマだ。データを分析して結果を導き出そうとしても、「元」となるデータのクオリティが低く、信用性に欠けていては意味がない。現在持っているデータはどのようなもので、それがはたして信用に値するクオリティなのかを確認するプロセスは必須である。

③技術とインフラでは、データを利活用していくために必要な環境や技術を確認し、

持っていないもの、持っているものを明らかにする。必要でありながら持っていない技術やデータについては、どのようにアプローチしていくのかを決定する。

いま企業はデータの利活用を熱心に進めているため、この技術とインフラに関する相談が圧倒的に多い。とりわけ目立つのが、いざデータを活用しようと思ったものの、社内の各事業部にデータが分散していて思うようなデータ活用ができない、効率的にデータを集約して分析できるようにしたいという要望だ。

④組織とガバナンスも、同様に相談が急増している。データ利活用やＤＸといったキーワードが普及し、社長命令でデータ利活用推進部門やＤＸ部門が立ち上げられ、人材が集められたが、専門性を持った人材がいないため、何から手をつけていいのかわからないという企業が多いのだ。データを効果的に利活用していくには、その組織にどのような役割を持たせ、どのような人材、スキルが必要なのかを定義しておく。それを行うのが、組織とガバナンスである。

⑤プロセスと統合では、アナリティクスを事業に浸透させるための業務プロセスを明確にする。やりたいことが決まり、必要な組織が定義できても、組織のＫＰＩが明らかでなければＡＸソリューションの効果は薄い。どのようなプロセスでビジネスを実行していくのかを確定していく必要がある。

⑥文化と人材では、経営層から現場に至るまで、アナリティクスを梃として意思決定を加速するための人材育成方針を定めていく。必要なスキルセットを持った人材を新たに採用するのか、社内で他部署から異動するのか、それとも現在そのチームにアサインされている人材を育成するのか、具体的にスキルをどのように獲得していくのかを明らかにすることが重要だ。

データ利活用を進めていくカルチャーが社内にどれだけ浸透しているのか、浸透していないのであればどう浸透させていくかも重要なテーマと言える。これまで勘と経験に頼って判断してきたような人々は、データに基づく分析結果を受け入れにくい。勘と経験がまったく不必要なわけではなく、プラスαとしてデータを活用すればより精度の高い意思決定が可能になる。社内文化として定着させることが、データを利活用する組織をスムーズに作っていく鍵となる。

これらの6つの要素（取り組みテーマ）は、すべて同時に実行しなければいけないということではない。1番目から順を追って実行する必要があるわけでもない。まずは喫緊の課題になっている領域から優先的に進めていくことが可能なフレームワークである。

スケール&サステインフェーズの6つのテーマ

3番目のスケール&サステインフェーズは、以下の6つのテーマで構成されている（図表3-2-2。129ページ）。

1. 高度なユースケースの実施による価値実現の継続：ユースケースの実行は単発で終わらせるのではなく、データ活用により、業務・ビジネス上の課題解決や新規ビジネス開発等の取り組みテーマの実現を継続的に実施していくことが必要。
2. 高度なユースケースを実行するためのデータアーキテクチャの実装：ユースケースの実行を継続していくためには、分析の元となる「データ」が信頼でき、かつ分析に利用しやすい状態で整備され、維持されていることが必要。
3. 高度なユースケースを実行するためのテクノロジースタックの実装：ユースケースの実行を継続していくためには、セキュリティや分析処理能力、分析ツール等、多角的に考慮された分析環境の整備が必要。
4. 組織の構造とガバナンスの体系化：データ利活用を継続していくためには、データ利活用の推進を担う組織が必要であり、上記のようなデータの信頼性確保や分析環境の維持のために統制を効かせる仕組みが必要。

5. アナリティクスインサイトの創出を根付かせるためのビジネスプロセス再構築の推進：業務・ビジネスに貢献するユースケースを次々と検討し、実行していくためには、ユースケースの検討からPoCの実施、プロダクト化までのプロセスを定義し、業務プロセスと整合を取った状態で根付かせることが必要。
6. 新たな行動規範と人材プールの充実に向けたコンプライアンスの改善：データ利活用を推進していく企業として、必要となるスキルを保有する人材を確保し続けることが必要。加えて、アナリティクス活用におけるリスク管理のためのコンプライアンスの検討が必要。

どんなにプロセスを明確に定め、人を集め、適切な教育計画を練って実践したとしても、作りっ放し、やりっ放しでは陳腐化は避けられない。状況に応じたメンテナンスは不可欠だと考えてほしい。もしそのビジネスの必要性が薄まれば見直しをかけ、不必要であれば潔く廃止をする。また、成功したユースケースについては、他部署への展開も検討する。それが、スケール&サステインの本質である。

アセスメントフェーズからスケール&サステインフェーズまでに必要な期間はケースバイケースだが、自走してデータを利活用できる組織になるには1年や2年の期間が必要になるだろう。

現場を巻き込んだビジョニング

次に、３つのフェーズにおけるタスク上の課題や要諦を取り上げよう。

まず、アセスメントフェーズの「アナリティクス／ＡＩのビジョンの創造」タスクに関していえば、経営戦略レベルで議論されるとＡＸ（またはＤＸ）という経営アジェンダはどうしても抽象的になりやすい。現場の課題と乖離しているため実現性がなく、そもそも現場で進められるケイパビリティが不足しているケースが珍しくない。

これらの課題を解決するには、現場部門を巻き込んだＢＸＴ（Ｂ：ビジネス、Ｘ：エクスペリエンス、Ｔ：テクノロジー）セッションによるビジョン作成が有効だ。例えば、顧客エクスペリエンスの観点から業務を行っているマーケティング担当者やテクノロジーという観点から業務を行っているＩＴ部門、ビジネスの観点から現場で顧客に相対している事業部門などのステークホルダーを含めてビジョンを決め、経営戦略での方向性と現場での課題感を整合して具現化する。ＡＸ（またはＤＸ）といった言葉の定義付けと社員への発信もチェンジマネジメントにおいては重要だ。

ＤＸやＡＸは痛みを伴う変革である。だからこそ、具体的な未来を社員に明示していかなければ成功は望めない。例えば、データ活用を推進することで営業の労力はそのままに、ビジネス拡大が見込めるといったような未来像だ。それをせずに暗黙の了解でＤＸやＡＸを進めてしまうと、変革を好まない一部の社員から反発を受け、プログラム全体が失敗するという事態すら起こりかねない。

ＤＸやＡＸは手段である。何のためにその手段が必要なのか、それを行うとどんな未来が待ち受けているのかをビジョンとして明確にしていくのが、ＢＸＴセッションの役割だ。

最初の一歩のヒントは現状把握と他社事例

アセスメントフェーズの最後に来る「ロードマップ作成」のタスクで直面するのが、「何から始めればいいのかわからない」という問題だ。組織から手をつければいいのか、あるいはテクノロジーから始めるべきなのか。このとき、意思決定を支援するのが、先に述べた成熟度調査である。

包括的な現状の調査と「Ｔｏ－Ｂｅ」（こうあるべき）の検討ができるアセスメントシートを用いて調査を行うことで、自分たちの立ち位置が明らかになり、どのボトルネックから解消していくべきかが可視化できる。自社を適切に理解することは改革に不可欠である。

「何から始めればいいのかわからない」という問題は、「ビジネス意思決定とアナリティ

図表3-2-4　PwCがグローバルで集積したユースケースデータベース

PwCがグローバルで集積したユースケースデータベースは、業界横断的な過去知見が参照可能なため、膨大な量の事例をもとにAI活用を短期間でアイディエーションすることが可能。

ユースケースデータベース（グローバル）の網羅状況

ユースケースデータベースには業界横断の1,500件以上のユースケースが登録されている

Sector	Corporate Strategy	Finance	HR	IT/Data Science	Marketing/ Sales	Operations/ Supply Chain	Risk/ Forensics	Grand Total
消費財&小売業界	51	5	3	14	78	50	7	208
金融業界	18	8	4	7	58	31	26	152
ヘルスケア業界	24	28	5	10	105	256	87	515
製造エネルギー業界	34	7	6	23	24	220	3	317
情報通信メディア業界	57	24	8	35	118	60	2	304
その他	4	0	1	0	3	1	0	9
Grand Total	188	72	27	89	386	618	125	1,505

クス」のタスクでも頻発する。解決するためには先進的な事例を参考にしたい。事例は同業種であってもいいし、他業種でもいい。他業種の中でも参考になるケースは多い。

また、先進的な事例は日本に限る必要もない。海外の先進事例をリサーチし、他社でこれだけの成果が出ているのであれば自社でもそれなりの成果は出るはずだという思考回路を育てたい。大きな変革に踏み切る際には、早い段階から現場で効果を感じてもらうクイックウィンのユースケースを先に進めるのも成功への近道だ。

PwCはグローバルで1500件以上ものユースケースデータベースを集積している（2021年2月時点、図表3－2－4）。業界横断的な豊富な過去知見を蓄積しているの

で、特定の業界に身を置いていると、なかなか知り得ない他業界の事例も、ＰｗＣに相談すれば知ることができる。様々な国、様々な業界、様々なビジネスファンクションへの導入事例を有効に使えば、自分たちがやるべき道筋が自ずと浮き彫りになってくる。網羅的な視点による現状把握と、他社事例をもとに、自社の最初の一歩を踏み出すヒントが得られるはずだ。

データ品質管理はコーポレート主導から始める

デザイン＆ビルドフェーズでは、「データと情報」のタスクにおいて「データ品質が低くて使い物にならない」という課題に直面することが多い。集めたはいいが、データが欠落していて十分ではなかった、データが古すぎた、さらにはデータが事実からかけ離れているというケースだ。

実際にこんな例があった。営業のデジタルチャネルを作るプロジェクトで、顧客情報をもとにＡＩを活用したインサイドセールスを立ち上げようとしたが、いざ顧客情報を確認してみると、事実とは異なる電話番号やメールアドレスが登録されていたため、使い物にならない。一部の営業担当者が正しい顧客情報の登録を面倒に思い、自分の電話番号やダミーデータを入力していたためだ。しかし、これは決して特異なケースではない。

一般的解決策は、事業部内にデータスチュワード(データの管理・運用に責任を持つ者)を任命し、事業部主導によるデータ品質管理を行うことだ。しかし、このやり方はこれからデータ品質管理を1から始める企業にはお勧めしない。データ活用によるビジネス効果、およびそのためのデータ品質の重要さを実感できていない会社において、最初の段階から事業部に一任するのは効果的ではない。その価値を現場に実感してもらうまでの間、コーポレートサイドである程度の人材を確保し、データスチュワード部門を設置する方法を勧めたい。

もちろん、データオーナーである事業部門の協力は不可欠であるが、コーポレートサイドでデータ品質の向上を主導していくことによって、半ば強引に変革のスタートを切るのである。コーポレートサイドでのデータ品質管理が定着し、高品質のデータを活用したユースケースが生まれ、現場にデータ活用の価値が浸透してきたら、データスチュワードの役割を各事業部に徐々に移管していくアプローチを取るのがよいだろう。

ローラー作戦で実現する統合データベース

「技術とインフラ」のタスクには、ＤＸやＡＸを進めるときにどの企業も最初にぶつかる壁がある。統合データベースの必要性はよくわかっているものの、その投資額が大きいためになかなか踏み切れないという企業は多い。もっとも有効な解決策は、トップが思い切った投資判断をすることだが、それができないという企業も多いだろう。

その場合には、徐々に事業に広げていくというアプローチがいい。まずは、クラウド等を活用して、必要な分だけコンピュータのリソースを使う方法を選択し、データ活用が進んでいる特定の事業で成功事例を作る。その上で別の部署に成功事例を広げていくローラー作戦で、データベースのカバレッジを徐々に広げ、最終的に統合的なデータベースを実現していくアプローチである。

変革のスピードこそ劣るが、この手段を使うことで統合データベースの価値を事業で感じてもらいながら、投資を引き出すことが可能になり、実現性は高まるのである。

組織の壁を取り除く兼務・内製化

「組織とガバナンス」の課題としては、組織の間に生まれる「壁」があげられる。この「壁」には2つの意味があり、ひとつは、ＤＸ推進室やＡＸ推進室といったコーポレートサイドと、実際にそのアナリティクス・ＡＩのテクノロジーを使う事業部門との「壁」。もうひとつは、自社とベンダー間との「壁」だ。

アジャイルで開発を進めていく場合、ビジネス要件は明確ではなく、実現手段もデータを見ながら手探りで決めていくことになるので、スクラムを組みチームで取り組まなければならない。このとき一体となって同じ目標に向かって進まなければ、目標到達は不可能だ。ゴールを共有し、一体化を図る。それが第一の「壁」を切り崩す有効策である。推進側の要であるコーポレートサイドのＤＸ推進室またはＡＸ推進室のデータサイエンティストのような人材を、事業部門に兼務させてしまうスキームを検討するのもいいだろう。

2番目の「壁」については、日本の場合、旧来からの請負契約の文化がネックとなり、ベンダーサイドはスコープ（作業範囲）が明確にならなければ受託できないという現実がある。しかし、アジャイル開発（短期間で開発を見直す方法）ではスコープは頻繁に変更される。この課題を解決する方法としては、契約形態を変え、アジャイルを前提とした契約スキームの策定が考えられる。

とはいえ、この選択肢はそう簡単ではないだろう。ＩＰＡ（情報処理推進機構）がアジャイル開発の契約書ひな型を公開[*1]はしているものの、なかなか企業としては追いついていないのが現状だ。そこで、将来的にはベンダー依存から脱却し、内製化を図ることを勧めたい。根気強くトレーニングを行い、自社でアナリティクス・ＡＩの推進・開発をできる体制を作るのである。

AI開発に必要なアジャイルとゲーティング

「プロセスと統合」のタスクでよく発生するのは、要件定義ができない、あるいは効果がわからないため投資判断されないという問題だ。情報システム部門がＤＸやＡＸを主導している会社では、要件が確実に決まった後に設計するウォーターフォール型の開発方法論を採用しているところが多い。しかし、データ活用ユースケースの大半はデータを分析してみなければ想定している効果が出るかどうかはわからない。モデルの精度次第で、業務プロセスを経験と勘の意思決定からデータドリブン（様々なデータを総合的に分析し役立てること）での意思決定に大きく変える可能性もあれば、経験と勘の意思決定をサポートするツールにとどまる可能性もあるため、業務要件も明確に定義できない。

ここで必要なのは、アジャイル開発の方法論だ。データを分析し、モデルの精度やデー

*1: IPA, アジャイル開発版「情報システム・モデル取引・契約書」
https://www.ipa.go.jp/ikc/reports/20200331_1.html

タの可視化方法について試行錯誤を繰り返し、最終的に業務でのユースケースとして固めていく手法である。

また、アナリティクス・ＡＩの開発は、事業部門、データサイエンス部門、データマネジメント部門、ＩＴ部門等、複数のステークホルダーが関与するのが通常だ。一般的なプロジェクトの進め方と役割分担についてはしっかりと定義し、関わるステークホルダーすべての認識に相違がないようにしておくことが肝要である。

もっとも、アジャイル開発で効果が事前に見極められなければ、投資判断ができないという決裁者も多いと思われる。実際、「ＲＯＩ（投資利益率）の精度を上げろ」「結果にコミットメントしろ」という決裁者を数多く見てきた。投資が無駄にならないためにはフェーズドアプローチをとることを勧める。フェーズごとに定性的ゴール、できれば定量的なＫＧＩ（Key Goal Indicator：重要目標達成指標）を事前に設け、効果が出ることを検証した上で次のフェーズに進み、段階的に投資判断を行っていくアプローチである。こういったゲーティング（次のフェーズに進んでよいかどうかを判定するイベント（会議等））の基準を明確にすることが、決裁者として必要な観点だ。

真のデータサイエンティストに求められるビジネス力

最後の「文化と人材」では、戦略的に外部から採用したデータサイエンティストが変革のドライバーにならないという問題が多発している。データサイエンティストとは本来、データサイエンス力（情報処理、ＡＩ、統計学などの情報科学系の知恵を理解し、使う力）に加えて、ビジネス力とデータエンジニアリング力の３つの力が必要だ[*2]。ビジネス力とは業務活用を想定した分析目的を設定し、分析結果の活用イメージを定義し、分析結果から経営施策に落とし込む力、データエンジニアリング力とはデータベースの知識を持ち、分析のためのデータ加工や分析ツールでの実装ができる力をいう。

だが、日本におけるデータサイエンティストの多くは、事業部門からの要件をもとに請負分析や請負開発が主になる。真のデータサイエンティストは、ビジネス力を梃に、ビジネス課題を特定し、事業部門と一緒にビジネスケースを作成し、経営陣を説得して投資を引き出す。そして主体的に関係部門と調整して必要なデータを入手し、分析結果をビジネス観点で解釈し、業務プロセスをデザインする。それにとどまらず、事業部門のユーザーにトレーニング、場合によってはチェンジマネジメントも行う。ここまで行わなければ変革は成し遂げられない。

*2：https://www.datascientist.or.jp/common/docs/skillcheck_ver3.00.pdf

まずは改めて自社にとって必要なデータサイエンティストを定義することを提案したい。その上でビジネスを正しく理解し、事業をデータの力で変革する人材を育てることだ。自社でデータサイエンティストを育てる場合、ＩＴ系の人材に照準を合わせる企業が多数派だが、ＰｗＣはビジネス系の人材からの育成を推奨している。事業サイドでビジネスを理解し、かつＩＴにも疎くないという人材に、データサイエンスやデータエンジニアリングのスキルを身につけさせるほうが最短距離であり効果的だ。

ＤＸやＡＸを推進していくには内製化が必須だ。いつまでもアウトソーシングに依存したままではいけない。自走を目指すことこそ、変わりゆく経済環境、テクノロジーの進歩の中で、アジリティ高く変革し続ける企業体質になるための近道なのである。

3.3 人材・組織・カルチャー改革：新たな世界。新たなスキル。

スキルのミスマッチが起こる可能性

ＰｗＣが考えるＤＸの全体像（６＋２のデジタル化要素）の５番目の要素である「人材・組織・カルチャー」は、ＤＸの成功確率を大きく左右する重要な要素である。事業構造を変えたり、ＩＴの基盤を整備したりしても、動かす人のデジタルスキルが伴っていなければ、新しいツールを使った働き方やデータを活用してより高度な意思決定を行うカルチャーを作れず、結局は変化できないまま終わり、投資も回収できない。

一方で、将来必要なＩＴスキルを持つ優秀な人材は、雇用するのがどんどん難しくなっている。企業はデータサイエンティストやデジタル領域のエンジニアといった、専門性の高い領域の人材獲得において、外部市場に頼るだけでは行き詰まってしまう。なぜなら、ＩＴのような技術の進化が速い領域では、スキルの陳腐化が速いからだ。また、人材獲得競争が激化し、労働市場から人材を探すことが困難になる可能性もある。そんな背景

図表3-3-1　**デジタルスキルの習得に関する日本人の回答**

58%	29%	62%
自動化に対して無関心で、健全な危機感が低い	**新たなスキルの習得を行っていない**	**アップスキリングの責任は政府や事業主・企業にあると考えている**
「自動化が職場に与える影響は機会かリスクか」という質問に対して「どちらともいえない、わからない」と回答した割合	「テクノロジーへの理解を深め、活用するために、新しいスキルの習得をしているか」という質問に対する回答者の割合	「人々のデジタルスキルの向上支援の責任者」という質問に対して政府や事業主・企業と回答した割合

出所：PwC「デジタル環境変化に関する意識調査」

から、既存社員のスキルの向上、すなわち「アップスキリング」の必要性が高まっているのだ。さらに、急速に変化する将来の人材ニーズを満たすためには、各社の取り組みにとどまらず、経済社会全体で人々のスキルと雇用可能性（Employability）の底上げを目指さなければならない。

だが、社会人を対象にPwCが実施した「デジタル環境変化に関する意識調査」では、日本の回答者の58％が業務の自動化を脅威とは感じていないと答えている（図表3－3－1）。これは、日本以外の世界の国々とは異なる結果だ。さらに諸外国全体では社会人の85％が新しいスキルを習得しているのに対し、日本では3分の1以下の人しか新たなスキルの習得を行っていないと回答した。

日本では、新しいスキルを習得する必要性や自動化に対し、企業と政府の危機意識が薄い。そのため、企業や政府に変わらなければならないという焦りが共有されておらず、組織の変化を促す人材が見つからない状況に陥っている。すなわち、重要な経営課題として認識されず、従業員にも伝達されていない状況だ。そのため、組織変革の起点となりうる先見性のある人材を見つけることはおろか、有効活用することもできていないのだ。問題は受け身な姿勢にある。日本の社会人は企業や政府がスキルの習得機会を提供してくれるのではないかと期待している。対して、ほとんどの諸外国ではスキルの習得は個人の責任・責務であると考えられている。

このような日本の状況では、企業が将来必要とする人材と、社員のスキル習得のミスマッチが起こる可能性は高い。例えば、欧米企業では、いち早く危機意識を持ち、将来必要となるスキルを定義し、アップスキリング施策を講じて、スキルのギャップを埋めようと動き出している。それに対し日本企業は、従来通りの研修機会を用意する程度である。こうした施策は、陳腐化していくスキルをお金と労力をかけて習得しているようなものであり、将来的に変化する社会や企業の求めるスキルに対し、ミスマッチを起こすリスクが高い。こうしたギャップを埋めるためには、個人が成長に対する強い危機感を持つことに加え、企業側が変化のために何が必要かを認識し、必要なスキルを明確にすることが急務だ。このままではスキル不足に起因するＩＴなどのデジタル格差が個別企業の問題にとどまらず、深刻な社会課題に発展する恐れがある。

コロナ禍で加速する新たなスキルの必要性

職能資格制度や年功序列といった日本型の雇用慣習がなぜ崩れ始めているのか。そもそも年功序列は年齢とともに経験を積み重ねて、知識とスキルが向上することを大前提としている。しかし、これからの時代はどうか。技術革新が指数関数的に進化し、スキルの陳腐化が格段に速まる。大学入学当初に学んだスキルは卒業する頃には陳腐化しているかもしれない。実際、国連児童基金の調査によれば、世界の若者の多くが将来仕事を得るために必要なスキルを現在の教育では得られないと回答している。

ＰｗＣが２０１９年に発表した「第22回世界ＣＥＯ意識調査 人材トレンド版」によると、回答した最高経営責任者（ＣＥＯ）の５人中４人が、社員の業務上必須スキルの不足と欠如こそが今後の企業成長を損ねる脅威になると指摘した（図表３－３－２）。２００８年に経営者が抱える課題は「グローバル経験を持つ人材の確保」であったが、２０１９年には「革新的な思考ができる先端デジタル技術に精通した人材」へと変わった。

図表3-3-2 「人材のスキル不足が不安」と答えたCEOの割合

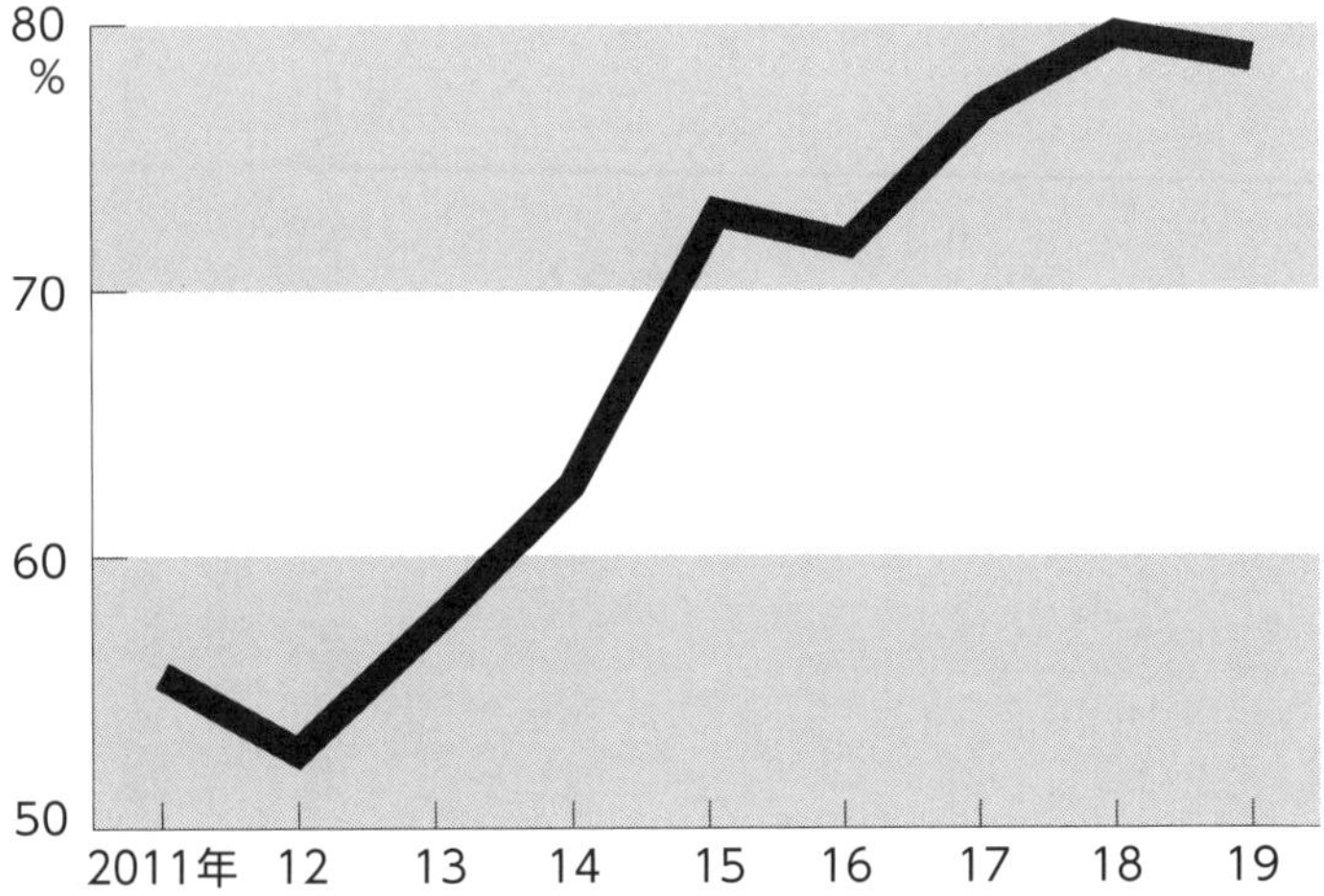

出所：PwC「第22回世界CEO意識調査 人材トレンド版」

人工知能（ＡＩ）などの先端技術を活用して自動化できる業務範囲が広がり、職場の生産性が高まっている。他方、定型・反復業務の自動化と機械化の結果、人材が担うべき仕事は再定義される。その新たな役割を担うために必要なスキルセットも大きく変化する。

足元では新型コロナウイルス感染症対策としてテレワークが進み、社員や役員のデジタルリテラシーが一段と求められている。加えて、新型コロナウイルスと共存する「新しい生活様式（ニューノーマル）」に対応するため、テクノロジーの活用がこれまで以上に進展することが予想される（図表３－３－３）。新たなスキルをいち早く習得する機会を設ける

図表3-3-3 世界を変容させる流れはCOVID-19により加速

A	D	A	P	T
ASYMMETRY (非対称性)	DISRUPTION (破壊的な変化)	AGE (人口動態)	POLARISATION (分断)	TRUST (信頼)
貧富の差の拡大と中間層の衰退	テクノロジーの広がりやすさとそれが個人、社会、気候に与える影響	ビジネス、社会制度、経済への人口動態圧力	世界的なコンセンサスの崩壊や分断、ナショナリズムやポピュリズムの台頭	社会を支える諸機関への信頼低下
・今回の危機により最も打撃を受けるのは貧しい人々、地域、国々 ・富のピラミッドの最下層で失業率が拡大 ・小規模事業が大量に破綻	・大手テクノロジー・プラットフォーム企業が勢力を拡大 ・気候変動の優先度は短期的に低下、長期的にはより緊急性の高い課題になる可能性	・若年労働者の雇用機会が縮小 ・年金・社会保障制度への圧力が増大 ・途上国は雇用創出の喚起に苦戦	・経済はサプライチェーン再編の影響から国内回帰傾向に ・重要な問題の解決に向けて人類が協力する潜在的可能性	・諸機関の公正な対応能力への不信の高まり ・一部の機関およびリーダーは世評を高める形で今回の危機を乗り切る

出所：strategy-business.com/CV-ADAPT
©2020 PwC. All rights reserved.

こと、それを通じて社員が俊敏に学習する能力や組織カルチャーを醸成し、新たな世界へ適応する組織力を持つことが、企業や社会に求められている。このコロナ禍において、人々は新たなスキルを獲得する必要性にかつてないほど迫られている。

デジタル時代のコアスキル

技術革新が指数関数的に進み、AIに代表される先端技術によって自動化できる業務範囲が急速に拡大している影響で、人が持つスキルの陳腐化が速まっている。

これからのデジタル時代はこれまでと

何が違うのか。従来はソフトウェアなど人の働きを拡張するツールで効率性や生産性を向上させたのに対し、今日の先端技術は単純な計算業務から一定の法則性があるマニュアル作業まで人が担ってきた仕事を自動化して置換できる。技術革新が進めばＡＩの自律性が拡張し、より広範な業務を代替できると予測されている。

　こうした世界では、ＡＩによる自動化・機械化によって生み出される労働力と、人による労働力の双方を組み合わせて最適化を図る。人もＡＩや自動化技術を使いこなせるスキルを身につけなければならない。同時に、ＡＩによって置換がきかない、人間だからこそ発揮できるスキルや役割の注目度が高まる。ＡＩが台頭するからこそ、人間のあり方が見つめ直される。

　こんな時代に人はどんなスキルを身につけていくべきか。ＰｗＣが２０１７年に発表した「第20回世界ＣＥＯ意識調査」でＣＥＯに将来的に重要度が増し、かつ獲得が困難になるスキルについて質問したところ、驚きの結果が得られた。現在スキルが不足して人材獲得競争が激しくなっているのは、ビッグデータの統計学的処理やアルゴリズムを扱うスキルを持った人材や、ＡＩなど先端技術の実用化を担う技術者などいわゆる理系の人材である。しかし回答の上位は問題解決能力、適応力、創造力、統率力といったヒューマンスキル（人間力）だった（図表３－３－４）。

図表3-3-4　**獲得が難しい人材スキルは機械で代替できないものが上位に**

人材スキルの内容	獲得の難しさ	重要度
創造性と革新性	77%	5位
リーダーシップ	75%	4位
感情的知性／心の知能指数	64%	6位
適応能力	61%	2位
問題解決能力	61%	1位

出所：PwC「第20回世界CEO意識調査」

人の頭脳になぞらえると、ＡＩが代替できるのは主に左脳的な処理、つまり論理的・数学的な思考であり、理系のスキルが必要な仕事を将来的にさらに代替する可能性がある。それに対してヒューマンスキルは右脳的であり、ＡＩに置換できない人間固有のスキルとも言える。

アップスキリング投資の必要性

ＰｗＣではデジタル時代に生き残る人材の要素を（1）スキル（2）マインドセット（3）関係構築（4）行動、に分けて定義している（図表3－3－5）。先端技術への理解、データ分析スキルは基盤として欠かせない。その

図表3-3-5　PwCのデジタル人材フレームワーク

スキル	マインドセット	関係構築	行動
デジタル時代において成功するうえで必要となる組織全体（社員・リーダー）の適切なデジタルスキルセットとケイパビリティ	イノベーションに着火するための価値観、信念、姿勢、仮説、バイアス、およびデジタルについての考え方	デジタルイノベーションを発展させるための組織内の適切な連携、コラボレーション、関係、および影響力	デジタルイノベーションを推進する習慣と行動を定着させるための新しい学習法

上で、情報が陳腐化しないように、「スキル」を随時機敏に更新する。そして、失敗や試行錯誤から学ぶ姿勢、好奇心、変革をいとわない「マインドセット」がないと、新しい情報や動向を吸収できない。

また顧客を巻き込み、SNS（交流サイト）を活用して関係先を広げ、人と人との接点から偶発性を生む「関係構築」によってイノベーションを起こす。最後はいかに早く「行動」を起こせるか。計画はほどほどに前進させながらリスクを最小化して軌道修正できる柔軟性と、試行錯誤を繰り返し最後までやり切る実行力がものをいう。

つまり、スキル獲得だけでなく、新たな世界や変革に対する心構え、対人関係構築力と具体的な実行に移す機敏性が問われる。

図表3-3-6　未来に向けて備えるべき組織能力

①社会・顧客・社員から信頼される組織	(91%)
②ヒューマンスキルの評価と報奨	(87%)
③社員の健康と幸福を促進する施策と方針	(82%)
④労働時間ではなく成果と価値の評価と報奨	(80%)
⑤協働と革新性を奨励する職場環境の設計	(79%)
⑥機敏性と適応力を高める人材育成	(78%)
⑦勤務場所や勤務時間の柔軟性	(77%)
⑧革新的なアイデアを提案できる仕組み	(76%)
⑨公正な報酬を担保する情報の透明性	(76%)
⑩スキルを向上し続ける仕組みと文化	(76%)

出所：PwC「今後の労働力の変化に向けて今行うべき準備とは」

実際、ＰｗＣが２０１８年に79か国１２００人超の経営幹部と人事責任者に行った調査でも同様の結果になった（図表３－３－６）。

こうした要素を組織に定着させるには「学び方改革」を断行するほかない。個人が健全な危機意識を持って、専門性を高めることや新しいスキルや知識を機敏に身につけることが重要だ。危機意識の薄い企業が敷いたレールを歩むだけでは個人の「雇用可能性」が低下するリスクがある。今後は自分の意志でキャリアを選択し、会社に依存しない体質でなければ生き残れない。そのためにも、自分なりの志をもって必要なスキルを身につけられるキャリアを選択していくことが望ましいだろう。だからこそ、日本でも学生に対するキャリア教育が以前に比べ拡充されているのだ。人生１００年時代、生涯を通じて学習し続ける意識と新たなスキルを素早く習得する機敏性が求められる。

知識は陳腐化しても経験で培ったノウハウは廃れない。社内で試行錯誤して得た経験は生きた知識だ。しかし、個人の経験を持ち寄って共有する機会はこれまで限られてきた。共感することで個人の経験知が、組織知となり、さらに強化される。部門など組織の枠を超えて人が集まって学習する機会がそのように変わらなければならない。これは、「研修」とは呼ばないかもしれないが、個人の経験と組織の英知を集めて新発想を生む場に変わる。少なくとも、従来型の座学で知識をインプットする「研修」ではなくなるが、同僚の経験から学ぶのだ。経験を語るためには、自分はどんな志をもって何を成し遂げてきたのか、内省して経験を棚卸しする。講師や教科書がなく、互いに教え合うパリ発の無償デジタルエンジニア養成校「42」は、この考え方を形にした先進モデルと言える。知識を身につける講座型の研修は全てeラーニング化して、社員は空き時間を利用して随時独学する。オンラインシミュレーションやゲーミフィケーション（ゲーム化）など、個人が嗜好に合わせて選択できる飽きのこない学習プラットフォームを提供する。

学習力の機敏性こそが未来の適応力の糧になる。一生学び続ける心構え、互いの経験に感化され協働できる職場環境、失敗を許容し試行を奨励する文化、それらを先端技術で支えるインフラ、そんな魅力的な組織にこそ優秀な人材は集まり、組織力がさらに強化される。

組織文化変革を加速させるチェンジエージェント

ビジネス環境が大きく変化して世界中の企業がイノベーションを追求するなか、世界のビジネスリーダーは組織文化を経営課題の優先事項の一つとして捉え始めている。なかでも日本の経営者層は組織文化を重要な検討課題として考えていることが、ＰｗＣの行った「グローバル組織文化調査」によって明らかとなった。

「一般的に、組織文化は企業戦略とオペレーティングモデルよりも企業業績にとって重要であるか」との問いに対して、「非常に共感する」または「共感する」と日本企業の76％が回答した。組織文化の重要性を高く評価するだけでなく、将来成功し、優秀な人材を確保するためには、自社の組織文化を大幅に進化させなければならないと考える日本企業は96％に上る。

組織文化は、組織の自己持続的な行動、感情、思考、信条のパターンであり、「うちではこうすることになっている」というやり方を決定づけるものだと定義される。組織文化は曖昧なものと思われがちだが、長年の活動においてその組織に属する経営者や従業員の特性や価値観を通じてできたものであり、人に行動を起こさせ、活力を吹き込み、行動を促進させる原動力となる。

なぜいま組織文化が重視されているのか。組織の思考や行動のパターンをデジタル時代の戦略目標の達成にふさわしい変革を起こす必要があると考えるからだ。それを加速させるには、従業員一人ひとりが変革の主体者、すなわちチェンジエージェントとなって自らの行動変革を実現しなければならない。

実際、変革を妨げる三大要因は、①第一線に立つ社員と中間管理職のコミットメントの欠如、②組織内におけるコミットメントの温度差、③具体的に日常業務にどう取り入れていくかの不明瞭さ、である。日本企業では中間管理職が大きな影響力を持っていることが多いが、オペレーションやタスクを回すことには長けていても、変革を実行することには慣れていない。変革の必要性や変化における自分の役割、変革の結果もたらされるベネフィットに納得していないとコミットメントが欠如し、現状維持を続けてしまう。

では、どうすればいいのか。

変革を進めるにあたっては、変革のビジョンを打ち出して方向性を明示することに加えて、必要な行動の優先順位を明らかにすることが肝要になる。ＰｗＣではそれを「Critical

Few（少数の重大な影響を与える行動）」と呼ぶ。クリティカル・フューとは、変革の円滑かつ機敏な進展と成功を後押しし、全従業員が実践すれば目に見えるメリットがある行動を指す。変革の目標とする組織文化に最も大きな影響を与える行動であり、変革における重要な関係者、特に中間管理職と議論を重ねてもたらされるものである。求められる行動はチームや階層によって異なるため、さらなる議論を基に、チームと階層ごとにかみ砕いて定義する必要がある。行動例として定義される観点には、リーダーが取るべき行動原則から、部門間のコラボレーション方法など関係性に関わる行動、意思決定や情報共有のあり方、最後は業務レベルで優先的に求められる新たな行動などがある。ロードマップで定める指標は、常にシンプルで測定しやすく、何よりもサクセスストーリーを示すために活用できるものにしておく必要がある。

組織文化は独自の感性を持っていて、効果的に変えるには粘り強い取り組みが必要になる。しかし、組織文化の複雑さは他社との区別化をもたらす。組織文化の目指す姿を達成し、それが組織の人々の中に根付くと、その組織が持つ潜在力が解き放たれ、他の組織と明確に区別される。それが競争の激しいデジタル時代で生き残るための適応力の土台となるのだ。

ＲＰＡを活用したワークフォース・トランスフォーメーション

近い将来、オフィスツールやソフトウェアを使って仕事の効率を高めるのと同じ感覚で、ＲＰＡによる自動化を従業員一人ひとりが自ら活用する時代が到来する。日本企業の多くの従業員は、決められたマニュアルや業務プロセスに則って確実にタスクを回すことに長けてきた。しかし、ＲＰＡを使いこなすには、業務プロセスのどの部分を標準化して自動化できるのか、自ら仕事の状況を洞察して企画を起こし、試行錯誤をしながらの実証実験を繰り返して精度を高め、実用化するといった新しいスキルセットが要求される。つまり、ＲＰＡによる自動化を広く普及させて組織能力とするにはアップスキリングが必要になる。

ＰｗＣではＡＩの機械学習や深層学習の進化に対して、将来的に人間が担う重要な役割を以下の３つに定義している。１つ目は創造力や発想力を発揮してアイデアや企画を練る役割。２つ目は、協創力や共感力、異質性や多様性を受け入れる心構えを持って、人の経験を英知として結集する役割。３つ目は、実世界で人を将来へ導く変革リーダーシップの役割である。

現在、人工知能やＲＰＡによる自動化のインパクトを最も受けているのは金融業界である。なかでも、その対策にいち早く動いている大手銀行の事例を紹介したい。この銀行では人の企画力の強化に着目している。特徴的なのは、企画力には長年の業務を通じて培われた組織のDNAが組み込まれているという考えのもと、一般的な研修プログラムを従業員に提供するのではなく、その組織ならではの企画から実行までのプロセスを体系化したところにある。

もともと業務効率化から生産性向上、コスト削減に関する組織横断的な施策の推進を所管する組織が旗振り役となって、RPAを活用したさらなる現場力の強化が図られた。そのゴールは単純な効率化にとどまらず、新たな働き方の定着化までが視野に入っている。実効性を重視して、トップダウンアプローチで無駄な作業を選定するだけでなく、ボトムアップアプローチで現場目線の改善策を拾い上げることが変革の原動力となった。

RPA導入において陥りやすい失敗は、現場主導で進めることで、組織全体のガバナンスを失ったり、自動化が成功しても社員の再配置が行われないため生産性が半減してしまったりすることである。だが、この組織では全社横断的な所管組織が成果をしっかりモニタリングして、働き方改革推進の次の一手へ橋渡しすることで着実に成功事例が積み上げられ、さらに成功事例の横展開が効率的に行われた。

その際、なぜいまDXが必要なのか、RPA導入によってもたらされる便益について社内での情報宣伝活動を強力に推進したことで、社内へ効果的に広まっていった。社内でのコミュニケーション戦略を定義して実行することは、現場を巻き込む変革に大きな効果がある。

こうした業務改革の経験をもとに、その企画業務における組織の暗黙知が形式となった。このノウハウを多くの従業員が学ぶことでデジタル時代の適応能力を高め、さらなる付加価値業務の拡大に貢献する。確立されたビジネスモデルに則ってオペレーションを回すだけでは、従業員自ら企画する時間は限られ、ノウハウが部分的にしか伝承されない。しかし、この研修プログラムを通じて理論と実践を結び付け、企画から実行モニタリングまでの全体プロセスを模擬体験することで研修プログラムの参加者が自信をつかんだ。また学んだノウハウを業務効率化の施策立案で実際に応用する機会を持つことができ、スキルが定着化した。アイデアを持ち寄り、社内の英知を結集して変革を起こすという、デジタル時代に人が果たす使命を先駆けて社内展開した好事例になる。

社内ユニバーシティの重要性

社会が将来必要な人材を送り出してくれることを、企業は待っていられない。アップスキリングは企業が先導する事項になる。スキルギャップを埋める能力開発は企業の経営戦略で重要となり、その場合、教育機関との密接な連携も鍵になる。こうした社会的な問題解決に企業が重要な役割を担う。新たな時代に適応するアップスキリングの目的は、労働市場での個人の雇用可能性を高める点にある。一企業の問題というより、社会全体の底上げを図る社会課題なのだ。

デジタル化への適応に成功しつつある組織は、データアナリティクスと先端技術で支えられた意思決定に秀で、多様な経験とスキルを持った従業員を擁する。デジタル時代に対する考え方やビジョンとリーダーシップ像が明示され、失敗から学ぶ文化と機敏な働き方も定着している。必要なスキルを持つ人材獲得のために大学や専門学校と共同で人材育成プログラムを実行して、人材供給チャネルを多様化させている。こうした文脈で社内ユニバーシティを再編したり新設したりする企業は増えている。企業内で将来どのような育成開発のための学習機能を持つか、学術機関とどのような連携を図るかは、極めて重要な企業戦略となる。

日本のある大手技術会社では、最高経営責任者をはじめ経営幹部らが中心となって、新時代のリーダーシップ教育プログラムを実施している。このデジタル化時代にイノベーションを起こして生き残るために、中間管理職を次世代の変革リーダーとして位置づけたものだ。
その教育プログラムの最大の目的は、（1）中間管理職が企業のビジョンと戦略を自部門の文脈を踏まえて自分の言葉で部下に語れるように促すこと、すなわちコミットメントの醸成と、（2）中間管理職が変革リーダーとして取り組む具体的変革計画を策定するための知識とツールを与え、組織文化を変えて今後の組織を成功に導くこと、すなわち変革の実行力である。

特に重要テーマとして、「イノベーションを起こすために顧客とどのように協創するか（対外的な自分たちの新しいあり方）」と、「デジタル時代の変革リーダーとして自部門を変える方法（対内的な自分たちの新しいあり方）」を具体的に定義してプログラムに組み込み、自ら過去を振り返って将来を考えさせることで、主体性を引き出しているのが特徴的である。

当初、この教育プログラムに選抜された中間管理職は、変革のリーダーという自分の役割と、企業のビジョンや戦略をチームに伝える役割の影響について十分に理解していなかった。しかし、プログラムを進めるうちに、変革の必要性や組織の過去のやり方を変えることで自分たちの果たす役割の重要性を理解した。研修後には多くの中間管理職がチームミーティングを開いて、改めてビジョンや戦略を伝えるとともに、チームからのフィードバックを求めるようになった。いまでは積極的に変革に参加し、変革のリーダーになろうとしている。

このことが従業員の実践行動にも影響を与え、部署の枠を超えた協働活動の増加、意思決定スピードの加速化、従業員の考え方の進歩によるチャレンジングな目標設定などにつながっている。中間管理職を変革プロセスの初期段階から参画させて、経営幹部と同じ目線で同じ方向に目を向けさせることで、様々な現場で変革の種が生まれる。必要なマインドセットや社内外との関係性への理解が深まり、組織全体に行動変革が波及し始めたのだ。

PwCのアップスキリング、社内と社外に向けて

アップスキリングとは、変化し続ける高度なテクノロジーを職場や日常生活で使えるように、必要な知識やツール、能力を身につける機会を与えることである。全員がプログラミングを学ぶ必要はないが、多くの従業員はＡＩやデータアナリティクス、自動運転や３Ｄプリンティングなど現在の新しい技術や将来実用化される技術を含め、予測さえできないテクノロジーを理解し、うまく対応する必要がある。

また全ての企業の従業員には、より強いリーダーシップスキルも求められている。なぜ

なら、所属チームやグループの同僚などを変革に巻き込み、学び続ける意欲をかき立て、人をやる気にさせる能力がますます重要になり、なおかつテクノロジーの導入と活用に関して、適切な意思決定を行える能力を持たなければならないからだ。

ＰｗＣでは、教育と育成を含め、自社の業務のなかで新しいテクノロジーとイノベーションを取り入れている。２０１７年から集中的なアップスキリングの取り組みを開始し、プログラムを走らせながら、効果的な解決策を見極めることに注力してきた。イノベーションについては、従業員が学びたいと思うものを主体的に選ぶことがより有効であるため、従業員主導のアプローチを奨励している。また、新しいスキルを活用して業務やクライアントとの協業を改善するよう促している。

研修室に集まる学習もあるが、大半はマルチメディアやシミュレーションゲームを使って自分のペースで学ぶか、チーム単位で新しいツールを構築して共有するプロジェクトを通じて学びを深めている。多くの従業員はまず「デジタルフィットネス」アプリをダウンロードし、これを使って自分のデジタルテクノロジーへの習熟度を点数化して評価し、ゲーム感覚で様々な学習リソースへ誘導されることで、デジタルに関する知見を蓄えている。いつでもどこでも自分が学びたい隙間時間を活用できる学習リソースとなっている。

全社員必修で定型業務の自動化やビジュアルツールの活用を推進する基礎プログラムが

提供されるほか、ｅラーニングとしてデータアナリティクスの入り口となる統計スキルを学んだり、デジタル関連能力の高い社員にはデジタルアクセラレータプログラムと呼ばれるより高度な技術を身につける機会の提供など、多種多様な研修が組み合わせられている。

またＰｗＣは官民を問わず、事業目標達成や生産性向上に向けてワークフォース変革に積極的に取り組んでいる組織との協業も重視している。こうした協業は、仕事に関わるスキルの開発にとどまらない。将来有望となる適切なスキルを見極めることから、アップスキリングを受け容れる組織文化の基盤を確立すること、適切な教育テクノロジーを活用した学習とスキル開発の機能を構築することまで広範囲に及ぶ。自社の力だけでアップスキリングを実現しようとは考えていない。

「New World. New Skills. 新たな世界。新たなスキル。」と呼ばれるＰｗＣのアップスキリングイニシアチブは、ＰｗＣネットワークが掲げるPurpose（存在意義）、すなわち「社会における信頼を構築し、重要な課題を解決する」をまさに体現する位置づけにある。デジタルデバイドがもたらすアップスキリングの課題の規模が極めて大きいことから、ＰｗＣではグローバルレベルで、企業経営者や政策立案者、従業員や労働組合など多岐にわたる関係者とソリューション開発の対話を進めている。つまり、アップスキリングをコーポレートレスポンシビリティ活動の基軸に据えることで、自社の従業員のアップスキリングに取り組むだけではなく、今日のデジタル世界で成果を上げるための支援を求めている人々へと効果が波及するように取り組みを行っている。

一人ひとりがチェンジエージェントに

ビジネスはこれまで以上にネットワークを広げて、社内外の様々な関係者と協働・協創できないと差別化された価値を生み出せない。異なる価値観やアイデアを受け入れるインクルージョン（一体性）の行動原則が協創を支える原動力になる。そんな環境下、人が担う仕事は業界を超えて再定義されていく。過去の延長線上にその答えはなく、未来志向で将来像を設計しなければならない。一度定義された仕事やスキルの賞味期限は、今後ますます短くなるだろう。将来の要件を予測し続けるために、テクノロジーがもたらすデータとアナリティクスの洞察力は欠かせなくなる。

テクノロジーのさらなる活用やオフィスのIoT化に伴い、人に関して収集できるデータは膨れ上がっていく。しかし、多くの企業では人事分野のアナリティクスの実用化が遅れている。経営幹部は、データアナリティクスが顧客との関係構築にもたらす有益な効果を認識しているものの、従業員のエンゲージメントでは、それを軽視している。雇用主のブランド、従業員のエンゲージメント、そして従業員が組織に何を求めているのかを理解するためにも、データは新しい示唆に富むのだ。

実際、人事分野のデータアナリティクスの適用範囲は年々広がり、人材のパフォーマンスやエンゲージメントに関する予兆分析によって、人事施策の精度を高められるようになってきた。働き方データの分析によって、テレワークの生産性の高さも検証できる。つまり、人事の意思決定にデータ活用が進まない最大要因は、分析の基となるデータの質、正確性、完全性の欠如だ。ＤＸ後進企業は、まずデータ整備に着手するといい。そして、データアナリティクス機能強化のロードマップを描くことが急務である。

経営者は、変化する社会に応じ、必要なスキルをいち早く見極めている。社内人材やスキルなどと比較し、求めるスキルとのギャップを把握することが必要だ。そして、ギャップが速やかに解消されるよう、現場のリーダーや部長などの管理職のメンバーが能動的に組織設計していくことを望んでいる。また、従業員は不確実な時代に必要となるスキルをいち早く身につけて、自分のキャリアを選択する道しるべを探している。

これから最も重要な戦略的意思決定は、人材とスキルを中心に行われる。企業が競争力を維持するために必要な能力はどのようなものか。そのスキルは外部から調達するのか、既存従業員に習得可能なのか。何を自動化あるいはアウトソースしなければならないのか。アライアンスによって必要な人材を共有できるか。こうしたスキルマッチングの機敏な判断が競争力を分ける。

また、もう一つポイントとして、人がどのように変化する必要があるかを語る前に、「人が期待する変化」を知る必要がある。若手世代は、事業環境が変わり、企業の序列が入れ替わるのを横で見ながら、人生100年時代と言われる自分のキャリアプランを真剣に考えている。PwCがミレニアル世代を対象に行った調査では、次のようなこの世代に特徴的な価値観がわかっている。時間や場所に縛られない柔軟な働き方、ワーク・ライフ・バランスの確保、デジタルツールを用いた先進的な働き方、5社程度の会社を経験するキャリア形成などだ。先進企業ほど、「将来のタレント」、つまり若手従業員がどのように働きたいかを認識し、ニーズに見合う柔軟な働き方を導入している。

人の多様性と個別性を重視する時代が来ているからこそ、組織の論理に合致させるよりも、一人ひとりのキャリアに対して、自社で働くことを意義づけることが大事だ。そんな考え方が、企業が従業員に提供できる価値（Employee Value Proposition）や、従業員の経験価値（Employee Experience）という形でアニュアルレポートや企業のホームページ、特に採用サイトを使って発信され始めている。人は生活のなかで体験するサービスや使いやすさ、魅力を会社にも期待している。日常の顧客体験を通じて、従業員は自分の意見を大切だと感じているため、組織はこの期待にどれだけうまく応えているかを、顧客と同等に従業員に対しても把握する必要があるのだ。

これからは、変革にどう従業員を巻き込むかが重要な時代だ。そのためには、自社が進む将来像に興奮するような感情的なコミットメントを引き出す必要がある。特にデジタル世代は、社会課題解決など壮大な目的に対して自社や自身の活動がどう関わるのか、説明を求める傾向も強い。従業員は会社が目指すゴールを信じ、その社会的使命を認識し、その一部であることを誇りにするのだ。

イノベーションの文化を育むには、大胆な権限委譲が必要になる。変革に積極的な従業員は、参画意欲が高く、オーナーシップを求める。顧客に近い前線の従業員は、いま会社にどんな修正が必要か、具体的な方法を理解している。そのためにも、イノベーションを起こす従業員間の草の根の努力を奨励すること、個人のアイデアを試行するように奨励することが重要となる。

また、最近よく言われるのが、失敗から学ぶ重要性である。これまで日本企業では、失敗から学ばずに葬り去ることが多々あった。従業員の多様な経験から、新たな組織知が形成される。スクラムを応用した積極的に試行錯誤できる職務機会が、デジタル時代に必要な行動とマインドセットを育む。

新規事業モデル創出やデジタル変革といった経営課題に対して、日本企業の致命的な足かせは過去にとらわれた従業員のマインドセットにある。マインドセットと組織文化を時代に合う形へ移行させることが急務だ。

今後多くの職務がロボットに置き換わってなくなるかもしれないが、人の重要性、つまり図表3－3－4でふれた「ヒューマンスキルの重要性」は求められる一方だ。その際、「陳腐化したスキルしか持たない従業員は必要なくなる」といったことや、「人員削減を行う」というメッセージを出すことは効果的でない。それより、アップスキリングの援助を行い、従業員が将来に適応できるよう企業が手助けすること。それによって、従業員の雇用可能性を引き上げるほうが、企業の社会的存在意義が高まるだろう。職務と人が、必ずしも「イコールで結ばれない」ことは明白である。特に、現代のように激しく時代が移り変わる過渡期には、新しい職務が出現しては消えてゆく。その職務を遂行するため新しいスキルが生まれ、企業も成長していくため、常に新しいスキルを身につけることができれば、その職自体がなくなっても、臨機応変に状況に合わせて対応していける高い適応力を備えた「人間」が必要なことに変わりはない。

経営資源を最適化するよりも、人が持つ価値を最大化する発想に立脚した戦略を経営者が実行していくことを時代は求めているのだ。人という経営資源のマネジメントが過去よりも圧倒的に創造力を必要とする方向へ変化しつつある潮流を理解しないと、価値は創出できない。将来必要な職務を見通すためには、ＡＩによって自動化できる職務範囲について想像を広げることでもある。また、自社だけで人的資源を保有するのではなく、アライアンスやアウトソーシングによる調達、吸収合併など取りうる選択肢を考え、目先の問題にとらわれすぎないことだ。

個人の働き方も変化している。兼業や副業、個人事業主（フリーランス）といった多様化する雇用形態も、人材確保に有利に働く。こうした社会変化や未来への思考をめぐらせることが、価値創造の際には圧倒的に必要となる。過去の延長線上でオペレーションする視点から一歩ずれ、別の角度から可能性を見出すことが求められている。

3.4 DX経営ガバナンス

ニューノーマルへの対応は万全か？

COVID-19によるパンデミックは、私たちの社会生活や経済活動など、多方面に影響を与えている。政府は、「新たな日常」（ニューノーマル）に対応した政策を進めていこうとしている。具体的に、ニューノーマルとはどのようなものだろうか。経済産業省は、ニューノーマルとして以下のものを取り上げている[*1]。

1. 接触回避：デジタル化・オンライン化の加速
2. 職住不近接：地方居住・生活地選択の自由拡大、労働市場のグローバル化
3. ギグエコノミー：デジタル技術を活用した新しい働き方、無人化・ＡＩ化の進展
4. 社会のリスク補完の必要性増大：失業・貧困・高齢者・保健衛生・インフラ対策
5. グローバリズムの修正：国家の役割増大と不十分なグローバルガバナンス、経済安全保障の定着

*1：「新型コロナウイルスの影響を踏まえた経済産業政策の在り方について」経済産業省、2020年6月17日
https://www.meti.go.jp/shingikai/sankoshin/sokai/pdf/026_02_00.pdf

6.　社会理念・価値観の変容：危機時の集団対応力、持続可能性や民主主義の在り方

COVID-19の拡大が与える影響に私たちは対応できているだろうか。あるいはニューノーマルに向けたＤＸやビジネスレジリエンス強化の準備は十分だろうか。リトマス試験紙として、２つの質問群を用意した。まず、質問群ＡについてＹｅｓ／Ｎｏで答えてほしい。

【質問群A】

- 事業継続計画（ＢＣＰ）はあるか？「Ｙｅｓ／Ｎｏ」
- ＤＸを推進しているか？「Ｙｅｓ／Ｎｏ」

大企業の担当者であれば、いずれもＹｅｓと答える方が多いのではないだろうか。続いて、質問群ＡがいずれもＹｅｓだった方は、以下の質問群Ｂに答えてほしい。

【質問群B】

- 既存のＢＣＰは機能したか？「Ｙｅｓ／Ｎｏ」
- 自社の強みを生かしたＤＸが推進されていたか？「Ｙｅｓ／Ｎｏ」
- 自社の強みや重要業務が、ＢＣＰやＤＸプランで識別されていたか？「Ｙｅｓ／Ｎｏ」
- 自社の強みが生かせない、あるいは重要業務が継続できない場合に、どのようなデメリットがあるのか、シミュレーションしていたか？「Ｙｅｓ／Ｎｏ」

質問群AにNoがあった場合、あるいは質問群BのいずれかにNoがあった場合には、事業環境変化への適応力になんらかの課題があると思われる。

すべてYesだった場合には、事業継続力強化やDX推進に効果的に取り組んでいると想定される。しかし、時々刻々と環境が変化するなか、将来への担保として、シナリオプランニングは有効である。どのように考えることができるか、解説していこう。

事業継続における課題

パンデミックのビジネスインパクト

世界的なCOVID-19の拡大は、企業レベルでも、企業をまたいだサプライチェーンでも甚大な影響を及ぼしている。この状況を勘案すると、COVID-19が終息したからといって以前のオペレーションやビジネスモデルに戻すようでは事業継続の観点からは問題である。今回のパンデミック対応の経験を生かし、オペレーションおよびビジネスモデルをレジリエントなものに再構成しなければならない。

このとき、真っ先に取り上げなければならないのは「デジタル化」だ。例えば、スリランカやタイをはじめとしたアジア諸国においては、「大企業のみならず中小企業も含めたデジタル化を推進することで事業継続力を強化することが急務である」との声が上がっている。日本の大企業に対して、サプライチェーンの上流から下流までのデジタル化の推進と、それによる事業継続力強化の積極的な働きかけやナレッジ共有が期待されている。

事業環境変化への対応

COVID-19対応でリモートワークが求められるなか、伝統的な日本企業では、リモートワークができていないケースが多数報告されている。デジタル化が遅れているとの指摘も挙がっている。

２０１８年に経済産業省が公表したＤＸレポート[*2]でも指摘されている通り、攻めのＩＴ投資と、それを推進するための制度設計変更が期待されるように進んでいない。今回のコロナ禍において、リモートワークができなかった企業が少なくないことにもその影響が現れていると言えよう。

現状は、多くの日本企業において、地域別、製品別、工程別の視点でのパフォーマンス管理は行われていても、ＤＸ推進の視点でのパフォーマンス管理が行われておらず、デジタル化やＤＸ推進の遅れが見えにくい状況となっている。しかし、今回のコロナ禍によるリモートワーク推進の困難さによって、ＤＸ推進の遅れが事業継続上の重要課題であることを認識した企業も少なくないだろう。

*2：DXレポート ～ITシステム「2025年の崖」の克服とDXの本格的な展開～、経済産業省、2018年9月7日
https://www.meti.go.jp/shingikai/mono_info_service/digital_transformation/20180907_report.html

他方、デジタル化が進んでいたことで、コロナ禍におけるリモートワークにも対応でき、業務継続をスムーズに行った企業もある。ある保険会社では、すでにコールセンター業務への仮想デスクトップ（ＶＤＩ）やＩＰ電話の導入が完了していたため、顧客からの保険金請求といった重要業務をテレワーク環境で継続できている*3。この重要業務をデジタル化することで三密を避けなければならないパンデミックリスクのもとでも業務継続することができたという教訓を踏まえると、今後より一層、中長期的な環境変化に対応していくためのデジタル化・ＤＸ推進をしていくことが重要だとわかる。

未来の事業環境・ニューノーマルのシナリオを描く

多くの企業が業務縮退やリモートワークでCOVID-19に対応した。しかし、コロナ禍を受けての変化はこれで終わらない。ニューノーマルとして、働き方や労働市場の変化が予想される。ここでは、今後の変化の程度に応じて、どのような対応が必要になるのかを検討してみるために、変化の程度が異なる未来の事業環境について3つのシナリオを見てみたい（図表3－4－1）。

シナリオ1：ワーケーション・ファースト

「今日もお疲れ様でした」。課の夕会が終わるとともに、太郎はヘッドセットを外し、ＰＣの電源をオフにした。今日はこれからが本番、釣り仲間と共同購入した船で初の海釣

*3：岡林凜太郎（2020）「個人情報扱うコールセンターも100％テレワーク、チューリッヒ保険が達成できた訳」日経クロステック、2020年5月12日
https://xtech.nikkei.com/atcl/nxt/column/18/01298/050800003/

図表3-4-1　**ニューノーマルのシナリオ**

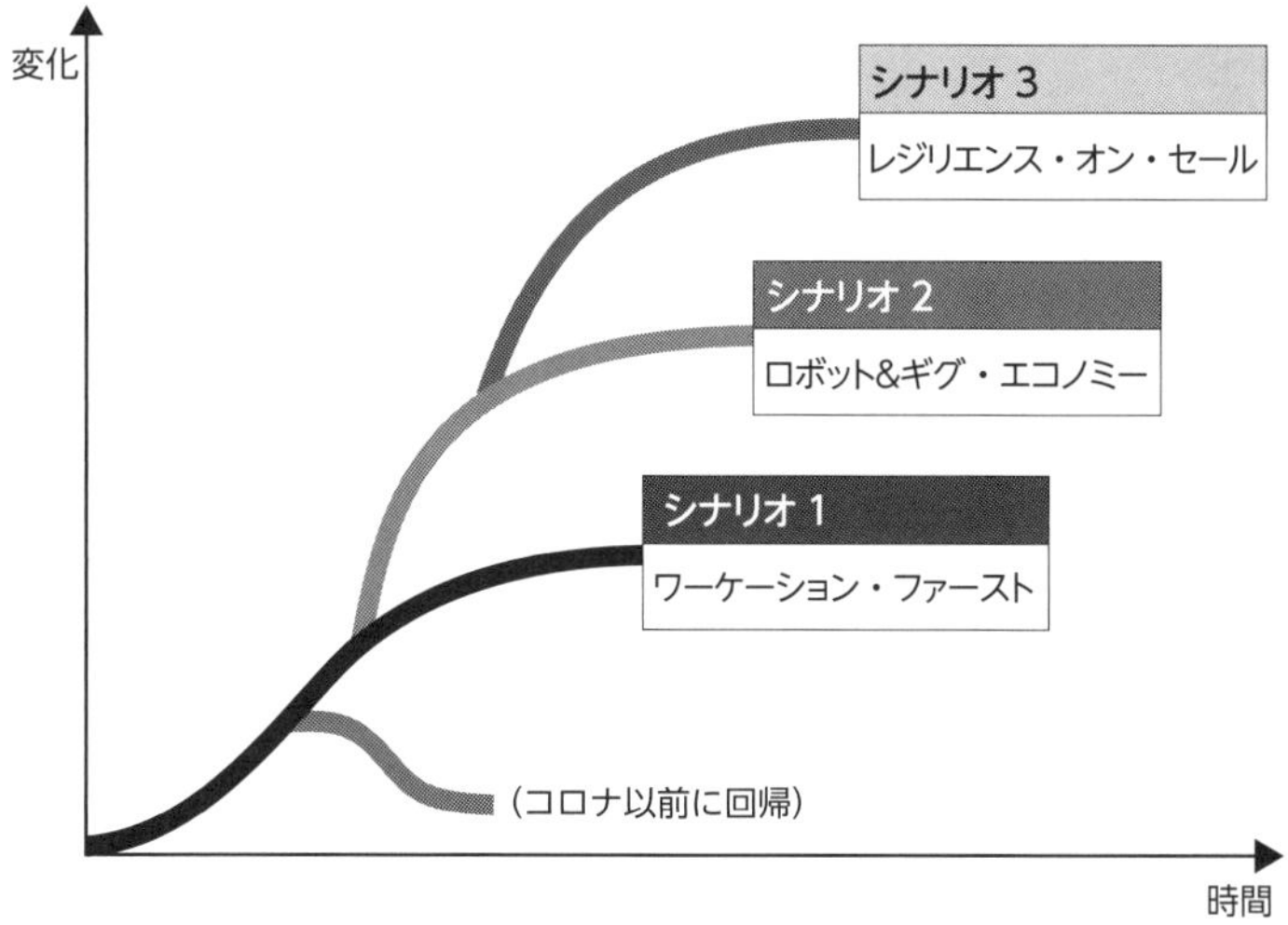

りに出かけるのだ。この離島に引っ越す以前は週末に釣りに出かけるのが精一杯だったが、会社が原則リモートワークになり、同僚が続々と地方に転居すると、感化された太郎も、長年の趣味が満喫できそうな環境へ引っ越した。釣り仲間とは引っ越し後に出会ったが、いずれも元東京在住で、現在も東京の会社に勤めている。引っ越し先の離島は、今も積極的にＩターン移住者を受け入れており、今後の再開発も楽しみである。

　また最近、太郎には上海の企業からの引き抜きの話が来ている。今の仕事が気に入っているため転職はあまり考えていなかったが、その企業もリモートワークが前提であり、かつ、時差を考慮すると、むしろ朝釣りの機会が増えることから、太郎は詳しい条件を聞こうと思っている。

シナリオ2：ロボット&ギグ・エコノミー

「チャレンジプログラム」という名の、早期退職制度が太郎の勤める会社でも実行され始めた。競合他社が大規模なリストラとともに有能なフリーランスやＲＰＡを積極活用して効果をあげていることから、自分の会社でもいずれ起きるだろうと予想はしていた。太郎はすでに兼業しており、そうではない同僚に比べていくらか余裕はあるが、それでも不安で一杯だ。求人情報を検索しても、現業務に近いものはすべて有期雇用であり、メインの収入源にするには心許ない。

一方で、無期雇用の引き合いも来ている。ＲＰＡと呼ばれるロボットによる業務自動化やチャットボット（chatbot：対話を行うロボット）のエンハンス業務（改良業務）だ。給料は下がるものの、なんと、プログラミング経験は問われない。「ＩＴ知識の乏しい自分に務まるかはわからないが、背に腹はかえられない」

太郎は人材エージェント会社に連絡し、自身の職務経歴データと求職ＳＮＳアカウント情報をその会社に提供することを許可した。

シナリオ3：レジリエンス・オン・セール

２０２０年代前半に複数回発生したパンデミック禍におけるＯａａＳ（Operation as a

Service）の存在感は計りしれなかった。ＯａａＳ利用企業のサービス縮退とその後の回復は早く、国会答弁でも好事例として紹介されたほどだ。ＩＴ巨人、産業用ロボットメーカー、ＢＰＯ（Business Process Outsourcing）企業の合弁会社が提供するＯａａＳは、追い風を受けて今や爆発的に普及している。利用会社側は、軌道に乗った自社事業のオペレーションをＯａａＳプロバイダーにフルアウトソースすることで、事業の安定性・継続力や拡張性を安価に得ることができる。

「パンデミック以外の特定事象による需要および供給の増減についても、ＯａａＳ利用企業は利用していない企業よりもレジリエンスを持って対応できている」とＯａａＳプロバイダー各社は宣伝している。理由なく固定的に人間や設備を抱える会社は、金融市場からまったく評価されなくなった。

また、ＯａａＳプロバイダーは労務環境・勤務形態・福利厚生・生涯学習プログラムといった従業員エンゲージメント向上に積極投資している。全国の学生が選ぶ「働きたい企業」サーベイや大手人材エージェント会社による「転職したい企業」アンケート、ＮＰＯ連合による「障がい者が活躍できる企業」調査ではＯａａＳプロバイダー全社がランクインしている。「労働市場のリーダー」と言う専門家もいる。

太郎は、ＯａａＳマーケットプレイスから割安なプロダクトを見つけると、［Integrate］

ボタンをクリックした。そして、就職活動していた頃とは、会社の形が随分変わったことに思いをはせる。大企業・無期雇用が良しとされていた世界はもはやない。

さて、これら3つのシナリオを、読者の皆さんはどのように受け取っただろうか。自分の会社はどのシナリオにも適応できるだろうか。あるいは「関係のない」「考えるに値しない」シナリオだろうか。

これらのシナリオは極端なケースと思われるかもしれないが、ある会社にとってはまさに〝現実〟であり、別の会社にとっては蓋然性の高い、インパクトの大きい将来であろう。大切なのは、先入観を排除して幅広い視点で将来のシナリオを複数描き、次のアクションを考え続けることだ。

そもそもの事業環境が変わってしまうレベルの将来の検討は、多様性が確保された関係者間で認識を合わせながら行い、組織の共通言語としてシナリオに収斂させるとよいだろう。欧米では従前よりシナリオプランニングの手法を経営計画の策定に利用している。

将来に適応するためのデジタル化・DX推進

「描いた複数のシナリオに対して、今現在のビジネスモデルは通用するであろうか？」

この問いに答える形で、方策が導出される。上述した働き方や労働市場の変化シナリオに対しては、「現行プロセスの改善」や「ビジネスモデルの変革」として以下のものが導出されるだろう。

●現行プロセスの改善（デジタル化＋α）

・テレワーク向けＩＣＴ環境整備、勤務制度の最適化
・社内帳票の電子化・ペーパーレス化
・取引先との調整、社外帳票の電子化・ペーパーレス化
・社内業務の見える化・作業標準化、ＲＰＡの部分導入

足元プロセスの改善は、ユーザーを巻き込んで漸進的に取り組むと円滑に進むだろう。システム開発を伴う場合は、いわゆるアジャイル開発がフィットする。一方で、しばしば法規制やセキュリティといった、ユーザーから導出されづらい要件が漏れ、事故につながることがあるため、それを防ぐ工夫も必要だ。

●ビジネスモデルの変革（ＤＸ）

・遠隔地への販路開拓や地理的距離（時差を含む）を生かした新サービス
・新勤務制度で確保できる人材による新サービス
・生産工場のオートメーション＆デジタルツイン化

図表3-4-2　**既存のビジネスモデルにおいて強みとなる要素の分析**

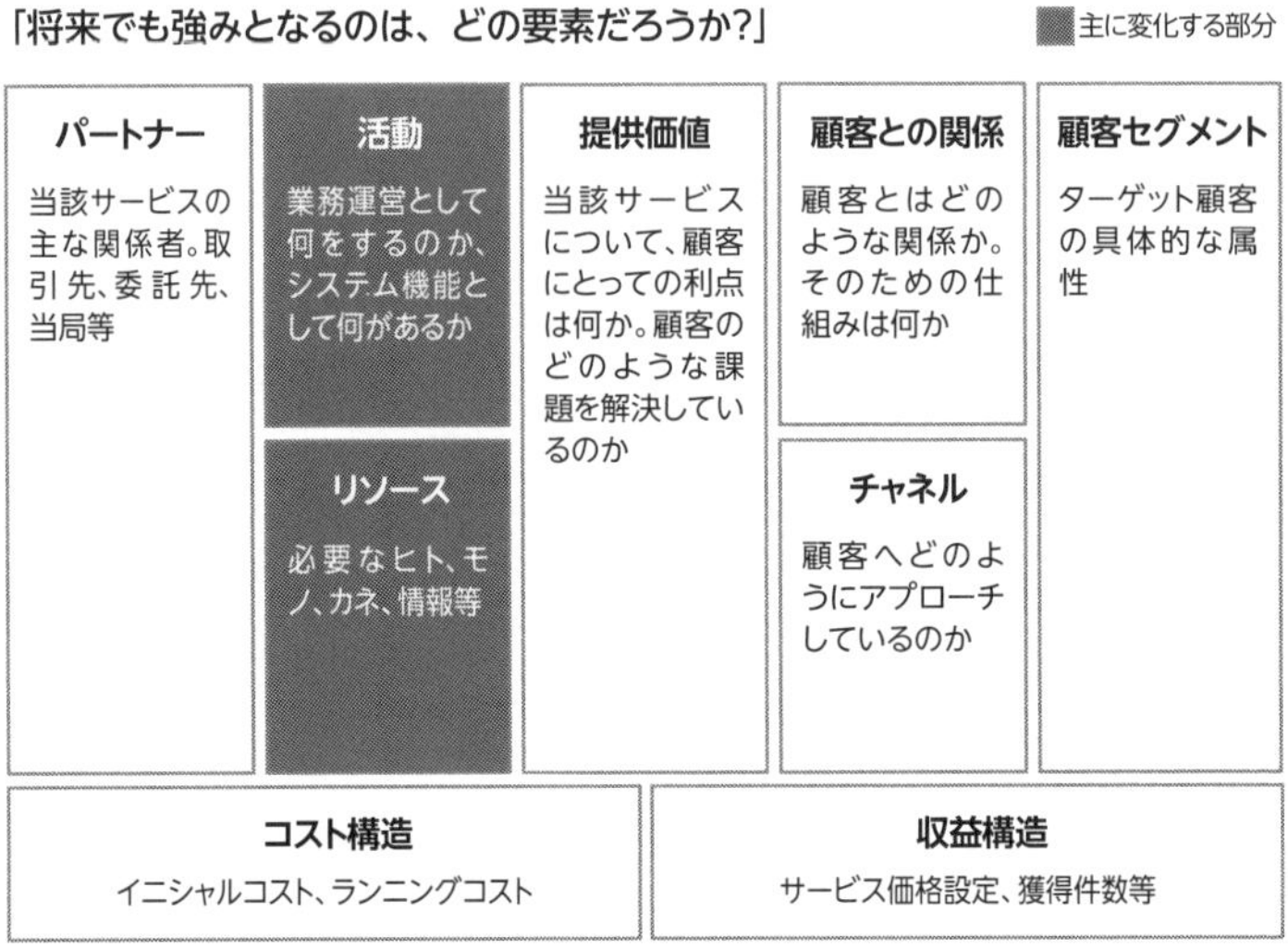

・社内業務のエンドツーエンドでのアウトソーシングやAI・RPA導入

DXの出発点としては、既存のビジネスモデルを、将来のシナリオを踏まえて分析し、「どの要素が強みなのか?」を再認識することが重要だ（図表3-4-2）。

また、当初考案したTo-Beビジネスモデル（将来像）にこだわらず、マーケットニーズを踏まえてモデルを検査・適応させていくことがポイントとなる（いわゆる、リーンビジネスモデル）。

組織的に行うには、経営陣の関与が重要になる

個々のデジタル化やDX施策が立ち

上がると、予想以上に苦戦を強いられる。いたずらに経営資源を浪費したり、逆に変革の勢いが失われてしまったりする場合もある。組織全体として、どのように態勢を整え、継続していけばよいのだろうか。

●将来に対する課題を設定し共有することが何よりも重要

何よりも一丁目一番地として必要なのは、シナリオ・方策として上述したような将来に対する課題を明確に設定し、これを共有し、経営陣および現場でコンセンサスを形成することだ。さらに、事業継続力強化もＤＸ推進も、全社のみならずサプライチェーンを含めたエコシステムを対象とし、継続的な取り組みとなる。

このことは、経営陣や現場関係者がしっかりとした共通課題認識を持たず、その対応へのコミットメントが確立できていない場合、深刻な影響をもたらす。対応プロジェクトが動き始めてから、現場レベルで様々な判断がつかず右往左往してしまったり、様々な制約で挫折してしまったり、真に共通課題に対して合理的でない対策を進めてしまい、結果的に失敗に終わってしまう可能性も高くなり得る。

本節の冒頭の質問群ＢでＮｏがあった企業は、まさにそのリスクが低くないだろう。そのような場合には、ここでいったん客観的な現状診断・評価を行い、課題を明らかにして利害関係者と共有し、このようなコンセンサス形成を再実施することが望まれる。

その際の指標としては、ＤＸ推進指標、レジリエンス認証基準など、有効な評価観点は多数ある。これらをうまく活用して客観的な診断・評価を行わなければならない。ＰｗＣでも、これらを加味した診断・評価ツールを用意している。このような簡易診断を利用してもよいだろう。

●施策群全体の価値評価と方向づけを継続して行う

共通課題が明確になり、コンセンサスも形成できると、関連する施策が複数立ち上がる。個々の施策はそれぞれのプロジェクトチームの責務となるが、経営陣は引き続き意思決定を行い続ける。特に、施策群全体として「共通課題に対応できているか」「もっと適応できないか」といった価値評価を継続し、全体としての方向づけ、つまり、施策の新規発足や各施策のスコープ変更・中止を意思決定する。このとき重要になるのが、プロジェクト側との関係、ひいては経営陣と現場との信頼関係だ。ここではポイントを絞り、データによる方向づけと信頼関係の構築について述べたい。

上下関係のヒエラルキーがある中で信頼関係が崩れるのは、多くの場合、「言っていることがコロコロ変わる」ケースだ。これは不確実な未来へ対応しなければならないため生じる齟齬だが、経営陣に問題がある場合もあれば、受け止める現場側の理解力に問題がある場合もある。しかし、多くの場合は両者に問題があるものだ。

経営陣の不満

・進捗報告が不明確・ぶれている。明らかに実態を表していない。
・解決したい課題にスコープが合っていない。きちんと言ったはずなのに、それを現場は理解していない。

現場の不満

・合意したスコープを強引に変更される。リソース追加もない。
・課題を報告しても何も手当てしてもらえない。助けてもらえない。

経営陣がすべきことは、コンセンサスのある共通課題に立ち返って説明することだ。そして、各施策が何を目指せばよいのか、ＳＭＡＲＴと呼ばれる指標をもとに方向づけ、測定されたデータを挟んで現場と対話することである。

Specific（具体的である）
Measurable（測定可能である）
Achievable（達成可能である）
Relevant（課題に関連している）
Timely（適時に参照できる）

方向づけは、施策開始当初のみ行えばよいわけではない。各施策のモニタリング結果を

図表3-4-3　デジタルガバナンス(価値評価・意思決定、方向づけ、モニター)

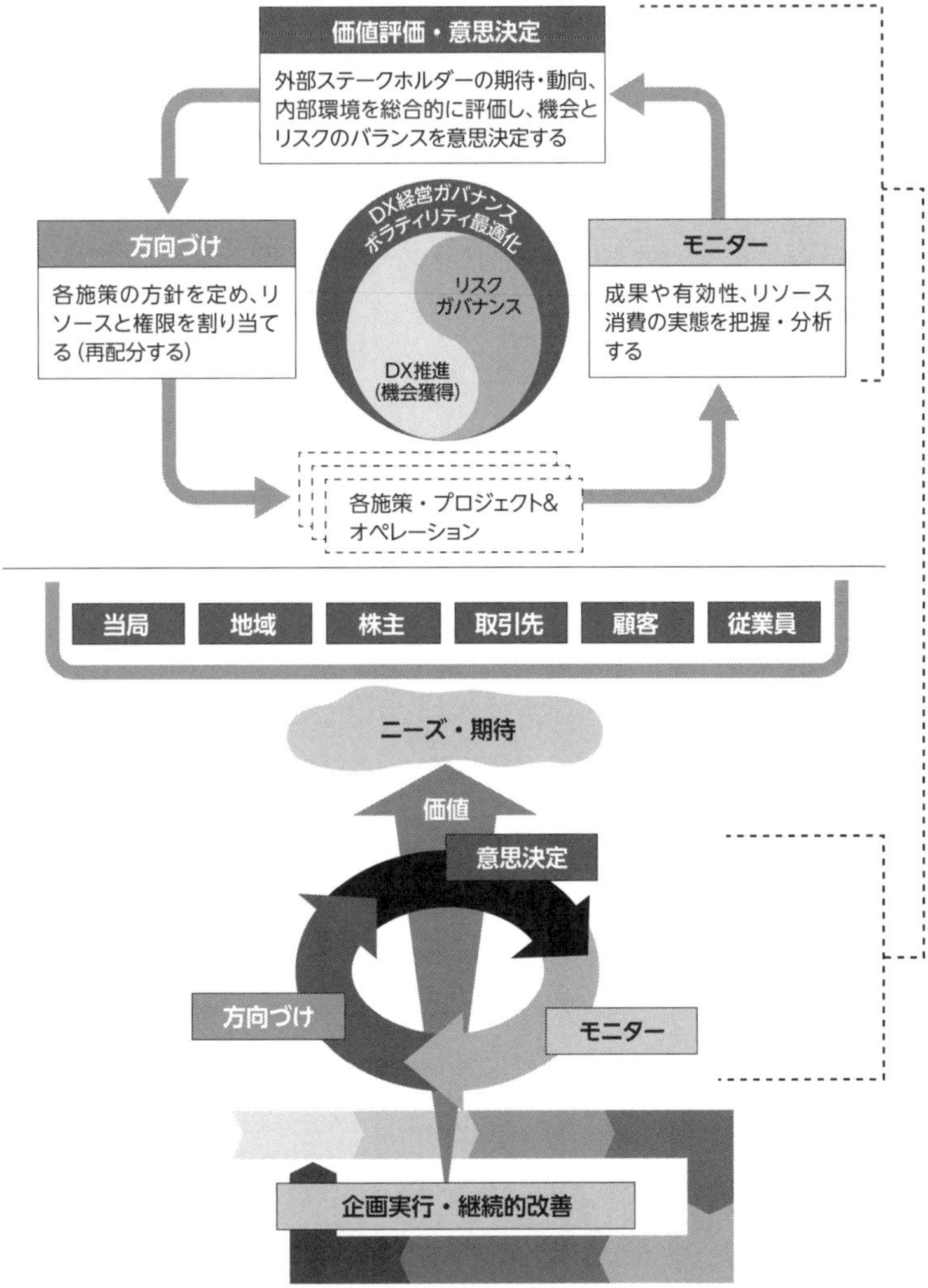

収集し、最新の内外環境に基づいて価値評価を行い、必要に応じて新たな方向づけを行う必要がある。まさに広義のガバナンスである（図表3－4－3）。

デジタルビジネスリスク

ここまで、ニューノーマルといった環境変化の中でも企業価値を維持・向上させていくための「ＤＸ推進」の観点でシナリオプランニングから方向づけまでのプロセスを見てきたが、ここで「ＤＸ推進」と同時に対応する必要のある安定性を高めるための「リスクガバナンス」の観点で、デジタルビジネスリスクの管理プロセスを確認しておこう。

デジタルビジネスリスクとは何か？

本節においてデジタルビジネスリスクとは、ＤＸ推進における各施策によって期待される効果やリターンに対する不確実さ、加えて、デジタル技術を活用した新しい環境やプロセスに生じる信頼性や安全性に与える影響を指す。

多くの企業のＤＸ推進では、複数の施策・プロジェクトが同時並行で進められている。目的や対象範囲によって様々な取り組みがあり、それぞれの施策に応じたデジタルビジネスリスクが存在する。

図表3-4-4　OODAループ

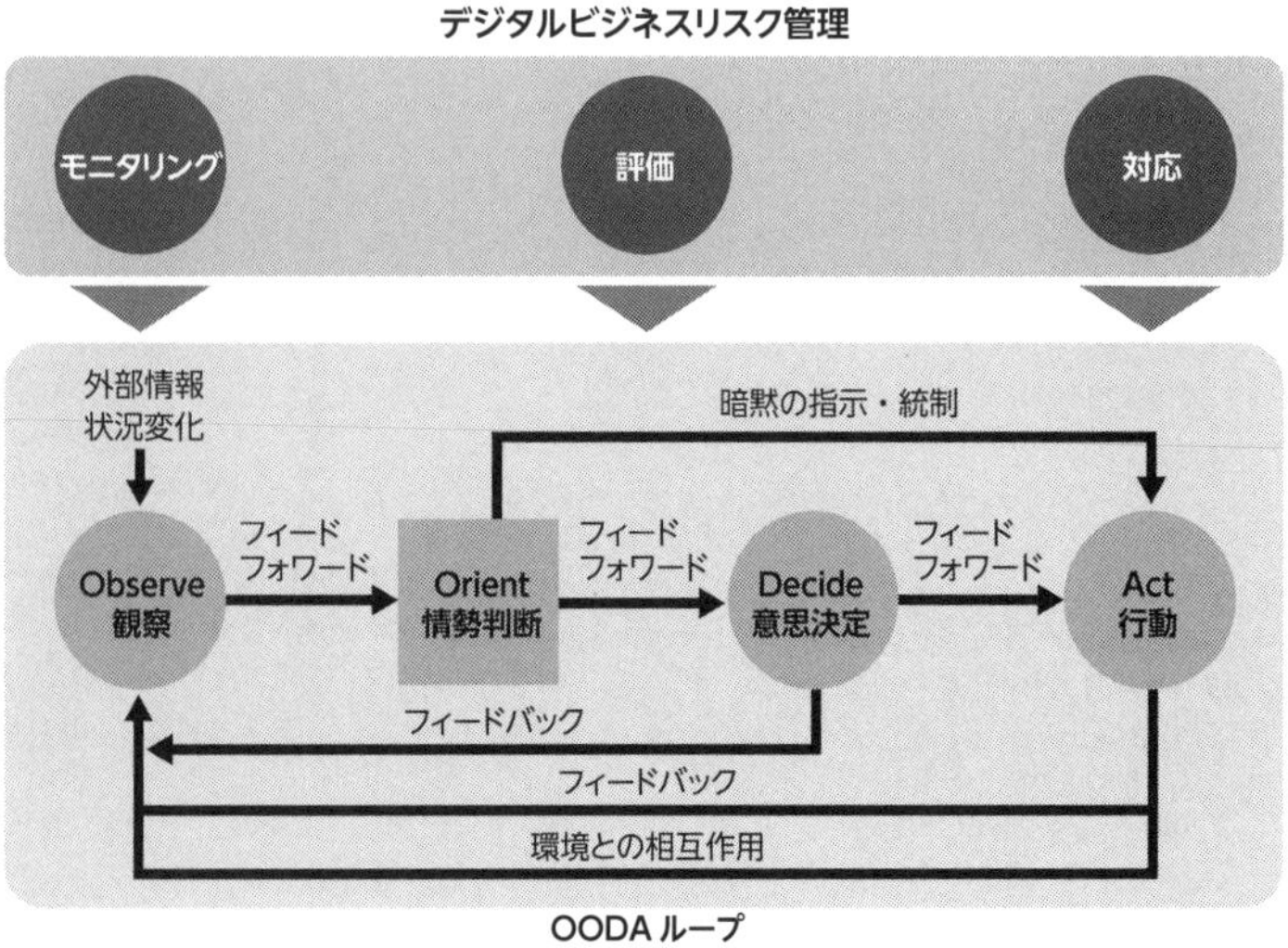

例えば、デジタル活用による新しいビジネスモデルや新規事業といった価値創造的な取り組みでは、顧客や市場からの認知・受容に関わるリスクだけでなく、外部環境から生じるリスクもある。具体的には、競合他社に対する競争優位性の維持、新たなステークホルダーのニーズ対応、革新的なテクノロジーの登場といった予測困難性や成果・リターンの不確実性である。このほかに、既存のビジネスとのコンフリクトなど、内部環境から生じるリスクが存在する。

デジタルビジネスリスクを管理する

ＤＸの取り組みでは、自律的な組織による迅速かつ柔軟な意思決定および実行が成功の鍵となる。このとき、意思決定を強力に支援するのがOODAループだ（図表3－4－4）。OODAループは「観察（Observe）」「情勢判断（Orient）」「意思決定（Decide）」「行動（Act）」の4つのプロセスから構成されている。さらに、暗黙の指示・統制やフィードバック／フィードフォワードのループも組み込んだフレームワークとなっている。

デジタルビジネスリスクの評価、対応、モニタリングは、迅速かつ柔軟な意思決定に重要な要素となる。

評価：

デジタルビジネスには、従来の業界慣習や企業活動とは異なるリスクが存在する。そのため、リスク評価の際にはデジタルビジネスの特性を踏まえた多様な観点からリスクを抽出・特定し、その重要性や影響を評価する必要がある。

昨今、多くのデジタルビジネス事例が公開されている。他業界を含めた事例は、日々進化するデジタル技術で生じる具体的なリスクの抽出・特定や評価に有効なインプットとなる。そこで私たちは、事例を継続的に収集・蓄積・分析する仕組みを整備し、リスク評価に利用できるようにチェックリストを作成・活用している（図表3－4－5）。

図表3-4-5　デジタルビジネスリスク（チェック項目例）

テーマ	カテゴリー	内容
ビジネスモデルが具体化されていない	事業モデル	ターゲットとする顧客、顧客のニーズ、提供するサービス等が曖昧であるため、ビジネスが拡大しないリスク
ユーザーの巻き込み・潜在ニーズの明確化が不十分	事業モデル	ターゲットとするユーザーやインフルエンサーの巻き込みが不十分のため、要件をサービス設計に盛り込めないリスク
KPIが不明確	事業モデル	事業やアジャイルモデルに応じたKPI、人事評価指導が明確になっておらず、方向性を誤ったサービス開発・運用・レベルアップにつながってしまうリスク
ポートフォリオ管理が不十分	事業モデル	イノベーション・開発案件のプロファイリング・モニタリングができておらず、見込みの薄い案件の開発・レベルアップを継続してしまうリスク
アライアンス施策・管理態勢が不明確	ステークホルダー管理	社外とのアライアンスの方針や管理態勢が明確化されておらず、社外のリソースをうまく活用できないリスク
ビジネスインパクトモニタリング観点が不明確	意思決定	KPIなどの、ビジネスインパクトのモニタリング観点が明確になっておらず、案件の効果や重要度、またそれによる意思決定の判断が合理的に実施できないリスク

図表3-4-6　リスク対応の例

	顧客向けDX	社内向けDX
特徴	●新たな事業・サービス ●顧客、業界、社会課題対応 ●エコシステム、マルチステークホルダー ●顧客、業界の価値・変革指向のアプローチ	●業務効率化、自動化、コスト削減 ●自社課題対応 ●社内リソース、社内関係調整 ●技術、ソリューション指向のアプローチ
主なリスク	●顧客、市場に対してサービスが受け入れられない ●技術的優位性・先進性が確保できない ●複数施策の絞り込み・意思決定ができない ●エコシステムパートナーの変化に対応できない	●部門ごとの個別デジタル環境の乱立 ●デジタル環境と既存IT環境の二重投資 ●社内システム、データアクセス・利用の安全性低下 ●ブラックボックス化による内部統制管理の低下 …
リスク対応	**リスクを受け入れ・管理し、リターンを最大化** リスク対策例 ●リーン&アジャイルアプローチによる提供サービスの改善 ●DX施策の優位順位づけ、意思決定方法の確立 ●ジョイントベンチャーやアライアンスによる技術獲得 ●デジタル人材内製化時の評価・報酬体系の整備 ●デジタル技術の特許・知財管理態勢の整備・運用 …	**リスクを最小化し、信頼性・安全性を担保** リスク対策例 ●デジタル技術に対応した内部統制管理の構築 ●デジタル関連の法令や業界標準への遵守 ●部門へのデジタルツール導入・評価手順の整備 ●データ活用時のプライバシー、セキュリティの確保 ●デジタルツールによる事業継続環境の整備 …

対応：

取り組みに応じて、リスクやその対応方針は異なる（図表3－4－6）。例えば、顧客向けのDXの取り組みは、新しい技術やビジネスモデルによる不確実性などのリスクを伴うものの、企業存続のために不可避の取り組みとなっている。従って、DX推進の戦略や目的を達成するために、受け入れるリスクの種類や量を見極めた意思決定により、DXから得られるリターンの最大化を目指すことが重要となる。

一方、社内向けのDXの取り組みはデジタル環境と既存IT環境の併用によって生じる二重投資や、デジタルを利用したリモートワーク化で発生する労務管理などのリスクを低減しつつ、生産性や効率性の向上を目指す。

モニタリング：

前述した各施策は、アジャイルアプローチによる施策を担当する組織やチームの自律的かつ迅速な意思決定および実行が必要となる。そのため、各組織やチームは評価・対応を検討したリスク対応状況を把握し、意思決定につなげる。

さらに、必要に応じて第三者によるモニタリングを実施する。第三者によるモニタリングでは、個々の施策に対する継続的な施策の進捗やリスク管理状況のレビュー・評価を通じて、施策を担当する各組織・チームを支援する。

ＤＸにおけるポートフォリオ管理

企業のＤＸ推進は、複数の施策・プロジェクト（以下、「ＤＸ施策・プロジェクト」という）が並行して進められるケースが多い。異なる目的や期待効果、リスクを持つ個々のＤＸ施策・プロジェクトに対して、全社的なＤＸ推進の視点からは、優先順位に応じた投資や人材資源の集中といった意思決定が求められる。

この意思決定のためには、それぞれのＤＸ施策・プロジェクトの収益性や戦略的価値、リスクの大きさ等の特性をもとに相対的に比較・俯瞰できるように可視化することが必要となる。そこで、従来から利用されている事業・プロジェクトポートフォリオ管理の考え方が有効となる。

以下では、企業におけるＤＸ施策・プロジェクトのポートフォリオ化の考え方や、ポートフォリオに基づくＤＸ推進のための意思決定について説明する。

①　ＤＸ施策・プロジェクトの分類

ＤＸ推進のためのポートフォリオ管理の最初のステップとして、まずはＤＸ施策・プロジェクトを共通の属性や特徴をもとに分類してみよう。

図表3-4-7　DX施策・プロジェクトの分類による投資配分の可視化例

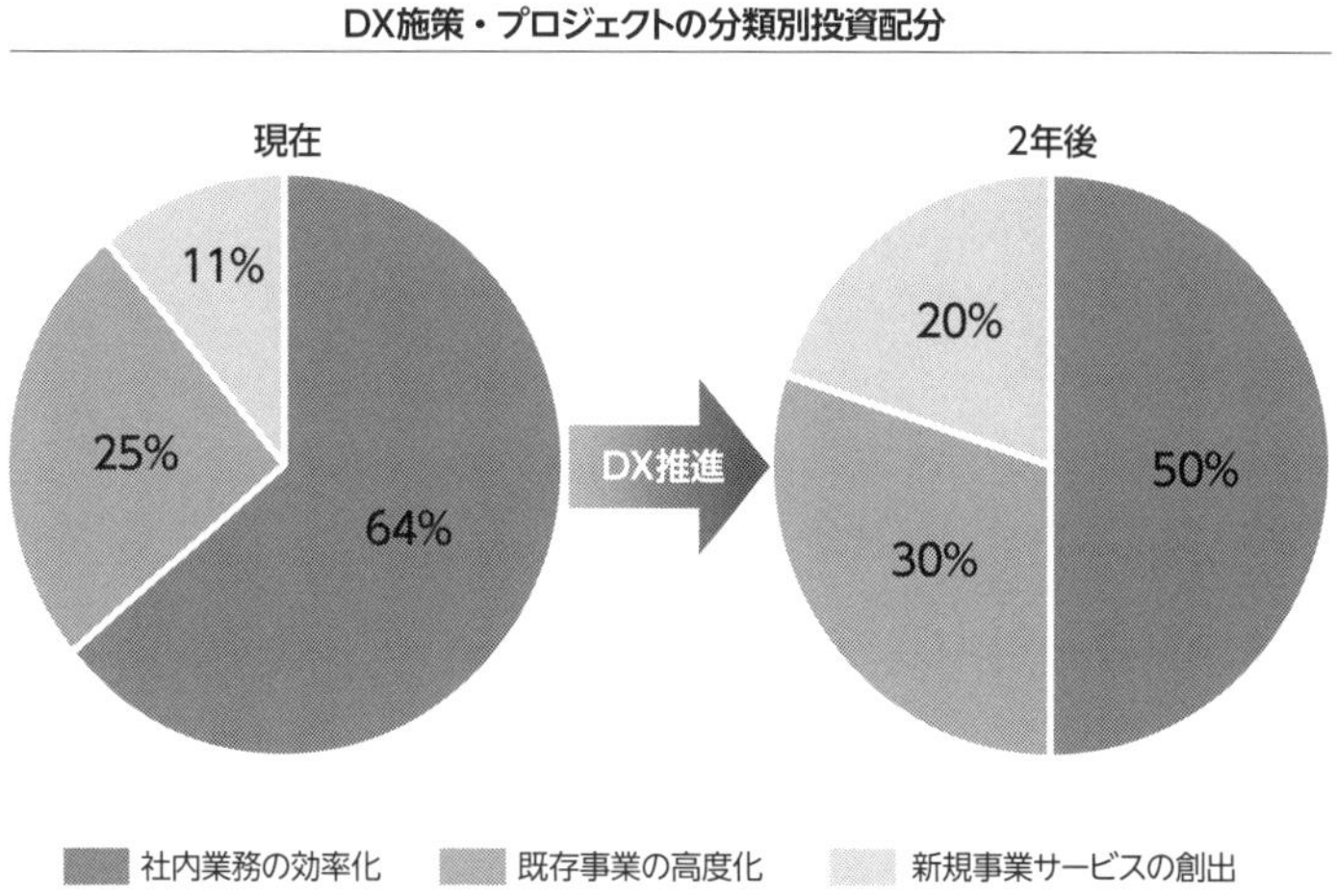

分類の目的の1つは、自社におけるDX施策・プロジェクトの特徴や投資配分を把握し、DX推進の現状と今後目指すべき方向性を示すことである。

例えば、DX施策・プロジェクトを「新規事業サービスの創出」「既存事業の高度化」「社内業務の効率化」と分類し、投資配分を可視化したイメージを示す（図表3－4－7）。

現在は社内業務効率化のためのDX施策・プロジェクトに対する投資が中心であるが、DX推進によりデジタルを活用した新規事業・サービスの創出を拡大するための投資にシフトしていく、といった企業が目指すDXの戦略や方向性を社内外のステークホルダーに対して示すことができる。

また、DX施策・プロジェクトで同じ種類に分類されたDX施策・プロジェクトは、共通のKPIをもとに優先順位付けや投資の意思決定のための比較などが可能になる。

例示した分類以外に、DX施策・プロジェクトの分類には次のような観点がある。

各企業において、どのようなDX施策・プロジェクトを分類するかの検討が必要となる。

DX施策の分類観点（例）

●顧客・取引先向け／社内向け
●既存システムの改修／新システムの導入
●法令、規制対応／競争力、付加価値対応

② ポートフォリオ化と基本方針の明確化

ポートフォリオ化は、個々のDX施策・プロジェクトの定性的・定量的な効果（リターン）やリスク、投資規模などの属性を評価軸とした位置づけを可視化することである（図表3－4－8）。

ポートフォリオ化された各DX施策・プロジェクトは、それぞれの位置づけによって、取り組みの基本方針が明確になり、DX推進に関する企業内の関係者間の合意形成や納得

図表3-4-8　**ポートフォリオ化**

DX施策・プロジェクトのポートフォリオ

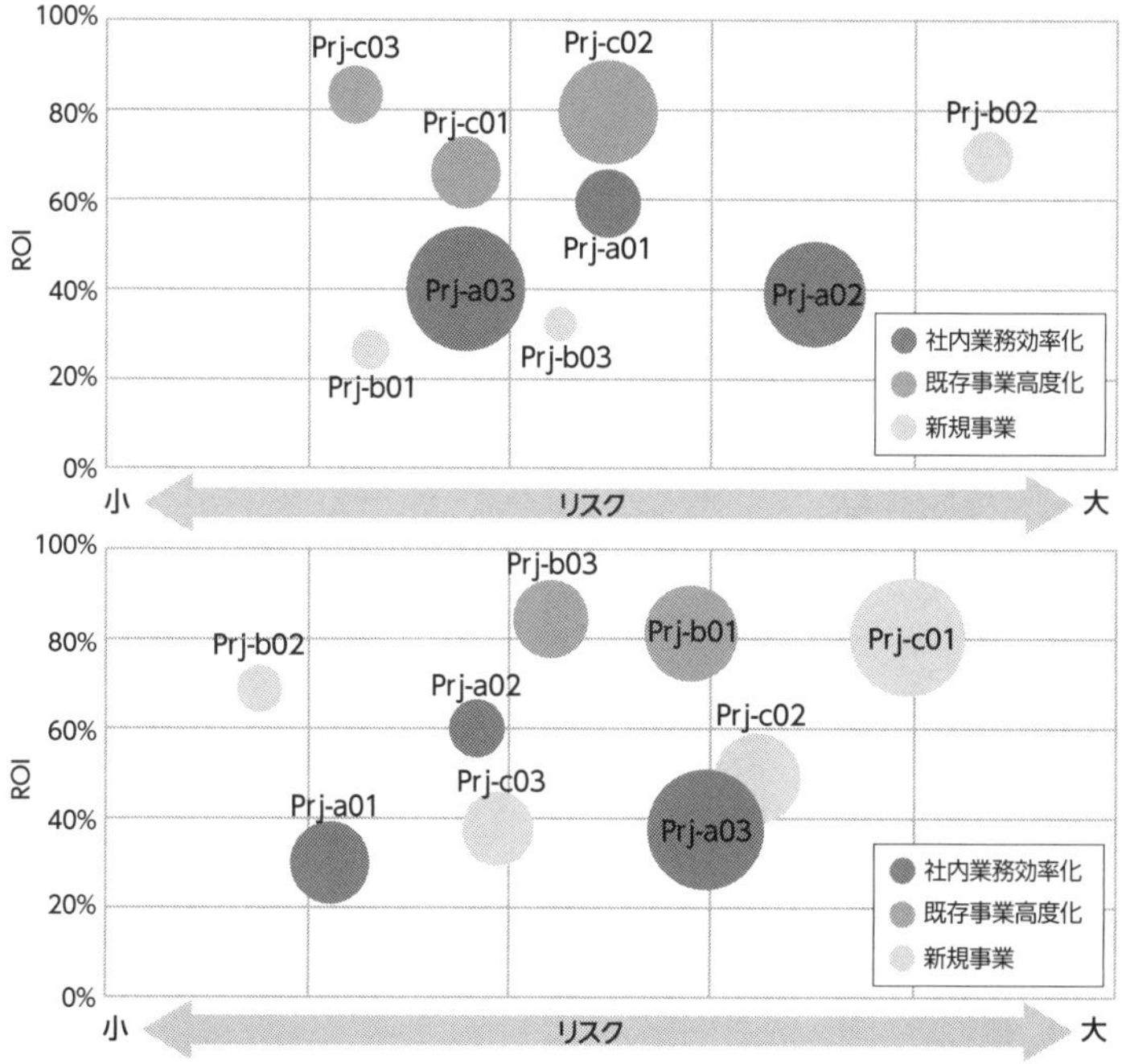

ポートフォリオ管理イメージ

縦軸：ROIなど施策効果・リターン　　**バブルの大きさ**：投資規模
横軸：複数リスク要因の組み合わせパラメータ　　**バブルの色**：施策・プロジェクトとの分類

ポートフォリオに基づくDX施策・プロジェクトの基本方針

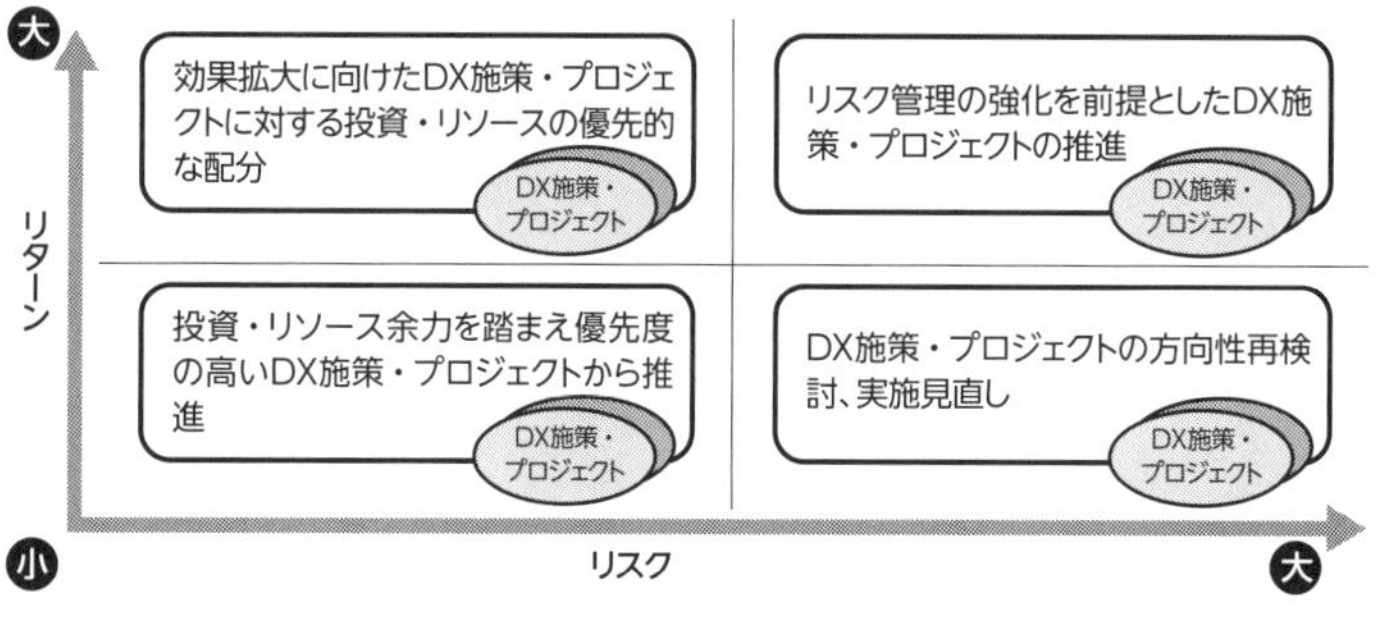

図表3-4-9　ダッシュボードイメージ

プロジェクト	施策分類	優先度	主管部門	ステージ	投資額	全体状況		リスク	
						今週	前週	今週	前週
Prj-a01	A	高	デジタル推進	設計	XXXX	M	M	M	M
Prj-a02	A	中	情報システム	構築	XXXX	H	M	H	M
Prj-a03	A	高	情報システム	企画	XXXX	H	H	H	H
Prj-b01	B	中	経営企画	設計	XXXX	M	H	M	M
Prj-b02	B	中	カスタマーサービス	構築	XXXX	M	H	M	M
Prj-b03	B	中	営業企画	企画	XXXX	L	M	L	M
Prj-c01	C	高	デジタル推進	企画	XXXX	M	L	M	L
Prj-c02	C	高	デジタル推進	企画	XXXX	M	L	M	L
Prj-c03	C	高	営業企画	構築	XXXX	L	L	L	L

施策分類　A：社内業務効率化　B：既存事業高度化　C：新規事業

性を高めることができる（図表3－4－8）。

しかし、個々のDX施策・プロジェクトの継続・中止、統合・分割、拡大・縮小といった意思決定のためには、ポートフォリオに基づく基本方針だけでは不十分であり、DX施策・プロジェクトの詳細情報や時系列的な状況変化の把握が必要となる。

それらの情報把握のためには、ダッシュボードが有効である。ダッシュボードの利用により企業全体のDX推進状況を俯瞰するサマリ情報から、必要に応じて各DX施策・プロジェクトの詳細情報を確認することができる（図表3－4－9）。

③　ポートフォリオの見直し

企業におけるDX推進や各DX施策・プロジェクトに対する評価や意思決定は、ポートフォリオ

図表3-4-10　**ニューノーマルに対応したDXポートフォリオの見直しイメージ**

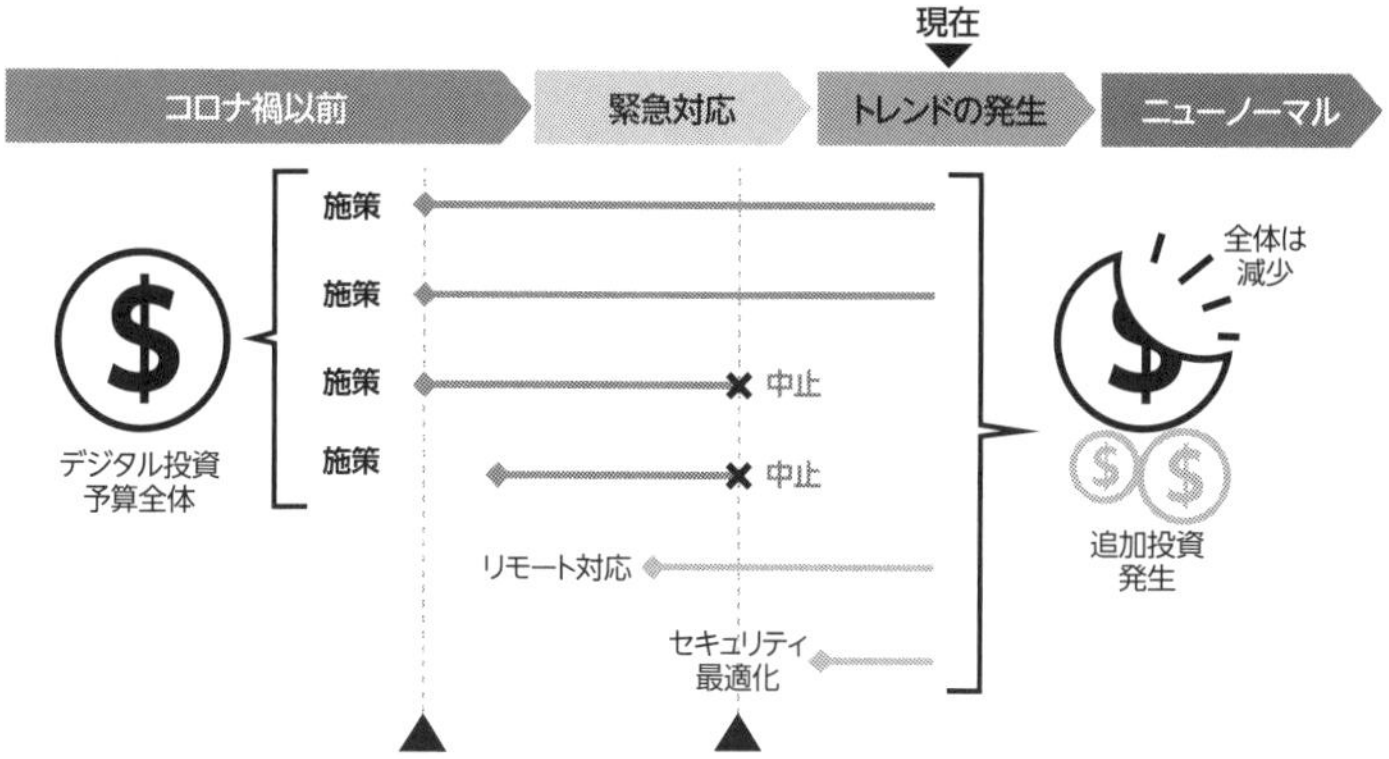

やダッシュボードを活用しても機械的・画一的に実施することは難しい。企業を取り巻く内部・外部の環境変化にあわせた評価基準にもとづいてDX推進のためのポートフォリオを見直す必要がある。

　ここでは、COVID-19によるパンデミックがもたらした「ニューノーマル」に対応したDXポートフォリオの見直しを例に説明する（図表３－４－10）。

　２０２１年１月現在、COVID-19により企業は緊急対応としてリモートワーク化などのDX関連追加投資が発生する中、業績の先行きが見えないことから、全体的な投資予算額が削減されている状況に置かれている。

　例えば、「リモートワークのためのデジタル環境整備」という施策が緊急対応として必要になっ

図表3-4-11　**ポートフォリオの見直しシミュレーションのイメージ**

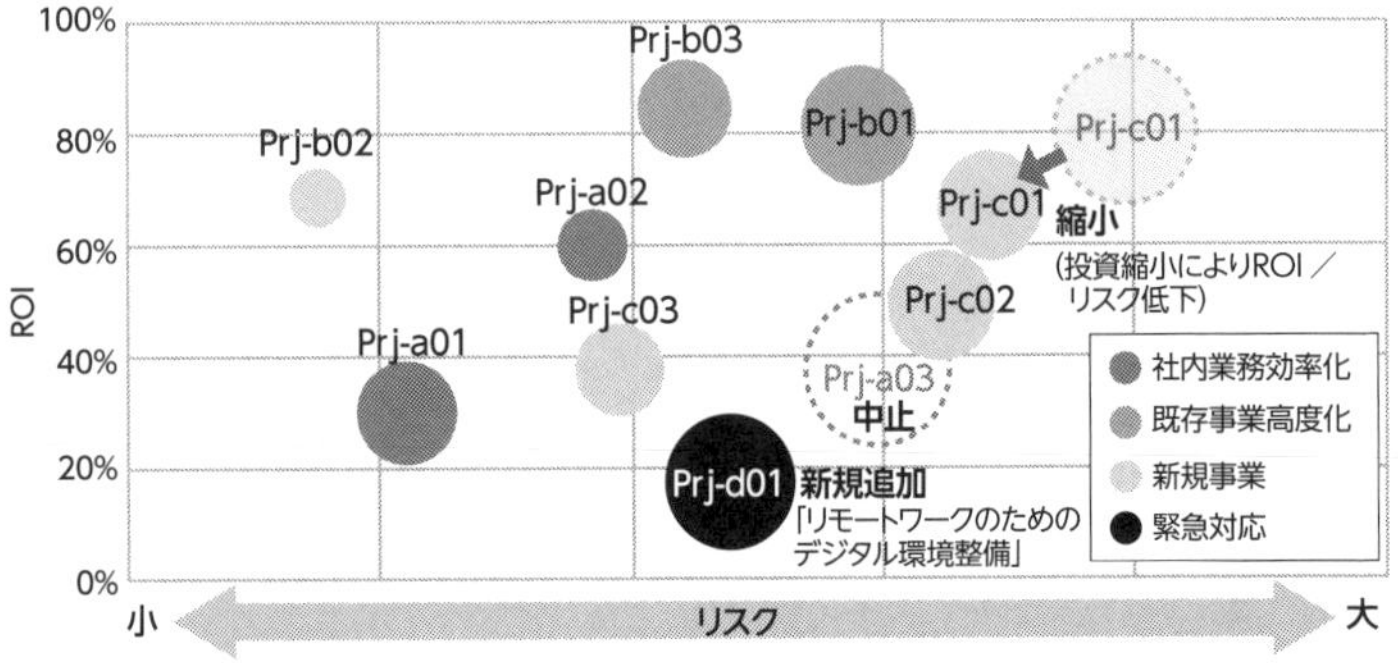

たと想定する。この対応の緊急性・優先度が高く投資が不可欠となる。また、全体の投資額が削減されるなか中止や縮小などポートフォリオ上でシミュレーションしながら見直しを進める（図表3－4－11）。

　このように説明してきたポートフォリオ化やダッシュボード活用に向けた課題もある。企業のDX推進では、現場部門が自律的、かつ責任をもって実施することが成功要因となる。一方で、全社的なDX推進の効果最大化のためには、まず下記2点の取り組みが必要となる。

1　全社横断のDX推進、意思決定態勢の整備

　DXの推進に必要となる意思決定やガバナンス、技術標準化などの機能・役割・権限を有する態勢を整備する。

2　各現場部門からＤＸ施策・プロジェクトの情報収集・把握・整理

各部門、組織で実施しているＤＸ施策・プロジェクトに関する形式や管理方法の異なる情報を収集・把握、整理する（ＤＸ施策・プロジェクトの分類）。

上記取り組みを前提に、ポートフォリオ化やダッシュボード活用が促進されると考えている。

3.5 CDOが果たす役割

「同業他社並み」のデジタル変革を指向する日本企業

この章の最後にあたって、ＣＤＯの役割と日本企業の現状や問題点を取り上げたい。

ＣＤＯとはデジタルテクノロジーによる環境の変化に対応するために全社的な変革を遂行するミッションを担う役員を指す。欧米の主要企業ではデジタル変革の本質的な必要性が認識されるにつれて、２０１５年頃から一般化し始めた。

そもそも日本企業のデジタル変革は今どのような段階にあるのだろうか。ＰｗＣの戦略コンサルティングを担うStrategy&が実施したＣＤＯ調査（日本）によれば、２０１６年の第1回調査時点で企業が「デジタル化を実際に実行しているか、またはデジタル化を検討しているか」の回答は全体の88%、２０１８年の第2回調査時点ではさらに4ポイント増の92%、２０２０年の第3回調査では93%と伸長している。大半の企業がデジタル化を急務と捉えている現状がうかがえるが、一方で推進姿勢を見ると競合他社との先行争いに

図表3-5-1　**デジタル化の推進状況およびその推進姿勢**

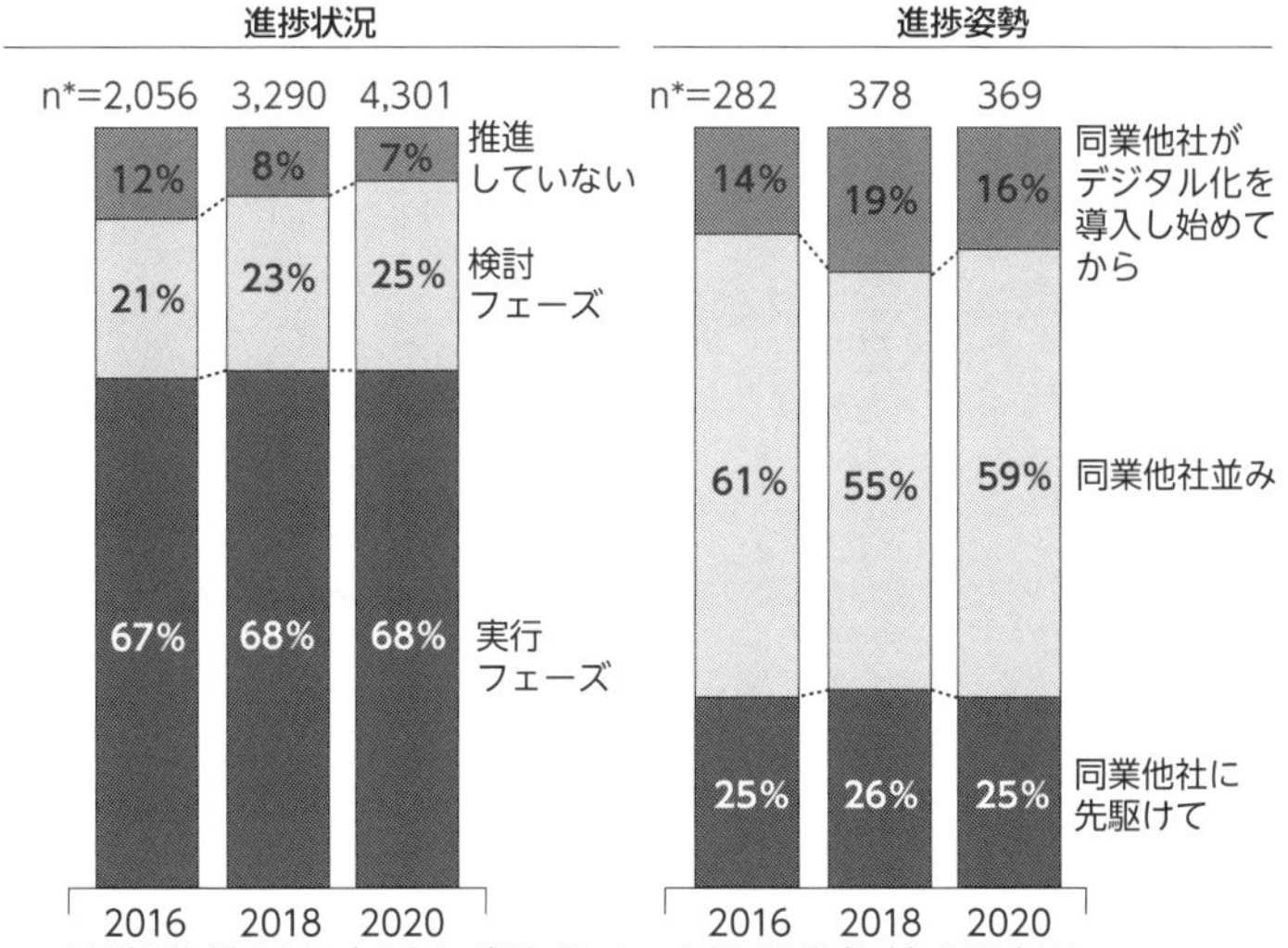

* 無効回答（分からない）を除く　出所：Strategy& CDO調査（日本）、2020年7月

「及び腰」になっていることが浮き彫りになる（図表3－5－1）。

「同業他社に先駆けてデジタル化を推進している」との回答は25％に過ぎない一方で、「同業他社並み」との回答は59％と過半数を占めている。「同業他社がデジタル化を導入し始めてから」との回答も全体の16％に達していた。

デジタル変革の推進意欲を業界別に見ると、卸売業・小売業がもっとも高く、次いで情報通信業やサービス業、運輸業・郵便業、医療・福祉が続く。だが、デジタル変革に前向きな卸売業・小売業であっても、「同業他社に

* 本節においては、特段の断りがない限り、デジタル変革とデジタル化は同義で使用している。

先駆けて」と回答したのは41％に過ぎず、「同業他社並み」を指向する回答が約半数の48％を占めている。世界規模でデジタル変革が進むなか、ビジネスモデルの刷新を図り、競争優位性を確保するためには、他社に先駆けての推進が必要であることは言うまでもないが、日本企業の多くは横並びの、「様子見」にとどまっている状況だ。

実用性が検証される前の最新技術の導入であれば、他の企業の動向を見ながら、本当にその技術が有用か否かを確認して導入を決めるという選択肢もあるだろう。だが、デジタル変革とは単なる技術の導入ではなく、事業基盤の変革だ。環境や消費者の変化に対応するための変革だと捉えれば、横並びの様子見は大きなリスクを内包する。デジタル化（働き方改革、顧客接点改善、R＆D・製造プロセス改革、製品・サービス改革）は程度の違いはあれ、企業のビジネスモデルの変更を伴う。これは企業の競争要因を変更することであるため、他社に先行することが競争優位をもたらす。対応が遅れれば競争に敗れ去る可能性は否定できない。

CDOが担うデジタル化―効率化から製品化へ

では、日本企業はどういった領域のデジタル変革を推進しているのだろうか。同調査によれば、日本企業の取り組み領域は以下の4つに分類できる。

1. 働き方
2. 顧客との関係
3. R&D・製造プロセス
4. 製品・サービス

1の「働き方」とは、モバイルデバイスを使って勤務場所を多様化したり、オンライン上で従業員コミュニティを構築し、スムーズな知見の共有を図ったりといった、いわゆる「働き方改革」へのデジタル活用だ。

2の「顧客との関係」とは、SNSなどのオンライン上で展開する顧客とのコミュニケーションや情報提供、マルチチャネル化などを指す。

3の「R&D・製造プロセス」とは、社内外データベースの統合やクロス解析によってR&Dプロセスを加速化したり、電子データを活用することで仕入先との部品の要件定義をはじめとする各プロセスの効率化および標準化を図ったり、従業員間で知見を共有したりするなど、デジタル化による製造、R&Dプロセスを効率化するといった取り組みだ。

４の「製品・サービス」は、デジタルそのものの製品化を意味している。デジタル化によって効率化やコストダウンを図るだけでなく、デジタルそのものを製品やサービスとして売っていく。これは、２０１６年から２０１８年にかけて台頭してきた新しいムーブメントだ。

一例をあげると、ある電力会社ではデジタル技術を駆使して遠隔地にある電力施設を監視するシステムを開発し、他社への販売を開始した。将来的には、この遠隔監視システムは同社の海外進出事業として期待されている。また、建設機械の製造販売会社が、建設工事の計画、運営全般を、ドローン、ＡＩなどのテクノロジーを活用して支援するサービスも開始している。

デジタルの製品化を事業ポートフォリオの一翼を担う事業へと育てていくにはある程度時間がかかるが、こうした取り組みを個々の企業が新しい組織で継続的に施行すれば、新しい産業の創出が期待できる。新しい市場環境に対応したデジタル商品、サービスの普及は必然である。

CDOを置く日本企業は少数派

次に、デジタル変革推進組織の現状について見ていこう。

世界の先進企業では２０１５年頃から、デジタル変革を具現化する責任者としてＣＤＯを設置し、取り組みを進め始めた。飛躍的に進歩するデジタルテクノロジーにより大きく変化する市場環境に対応して、ＣＥＯと共に、組織全体を構想し、変革を指揮する人材として存在感を増していった。ＣＤＯを設置する企業の比率は２０１４年には６％に過ぎなかったが、２０１６年には19％、２０１８年には21％と着実に拡大している[*1]。

さて、ＣＤＯはどのようなバックグラウンドを持つ人材が担っているのだろう。ＣＤＯの出身データからは興味深い傾向が見て取れる（図表３－５－２）。

２０１４年にはＣＤＯの53・５％、２０１６年にはＣＤＯの39・４％がマーケティングやセールス、カスタマーサービスの出身だった。この頃を思い返していただくとわかりやすいが、当時、デジタルと言えば、ほぼ広告宣伝を指していた。マーケティング出身のＣＤＯが多いゆえんである。

だが、２０１８年になると、マーケティングやセールス、カスタマーサービス出身のＣＤＯの割合は17・９％に減り、代わってテクノロジーの経験者が40・９％と急増する。また、コンサルティングや戦略立案、ビジネス開発の経験者も、２０１４年の19・７％から２０１８年には28・４％と10ポイント近く増加している。デジタル変革とはデジタルマー

*1：PwC Strategy&, “The 2019 Chief Digital Officer Study Global Findings”, 2019.3

図表3-5-2 **CDOのバックグラウンドの推移**[1)]

2018年になるとテクノロジーのバックグラウンドを持つCDOの割合が急増

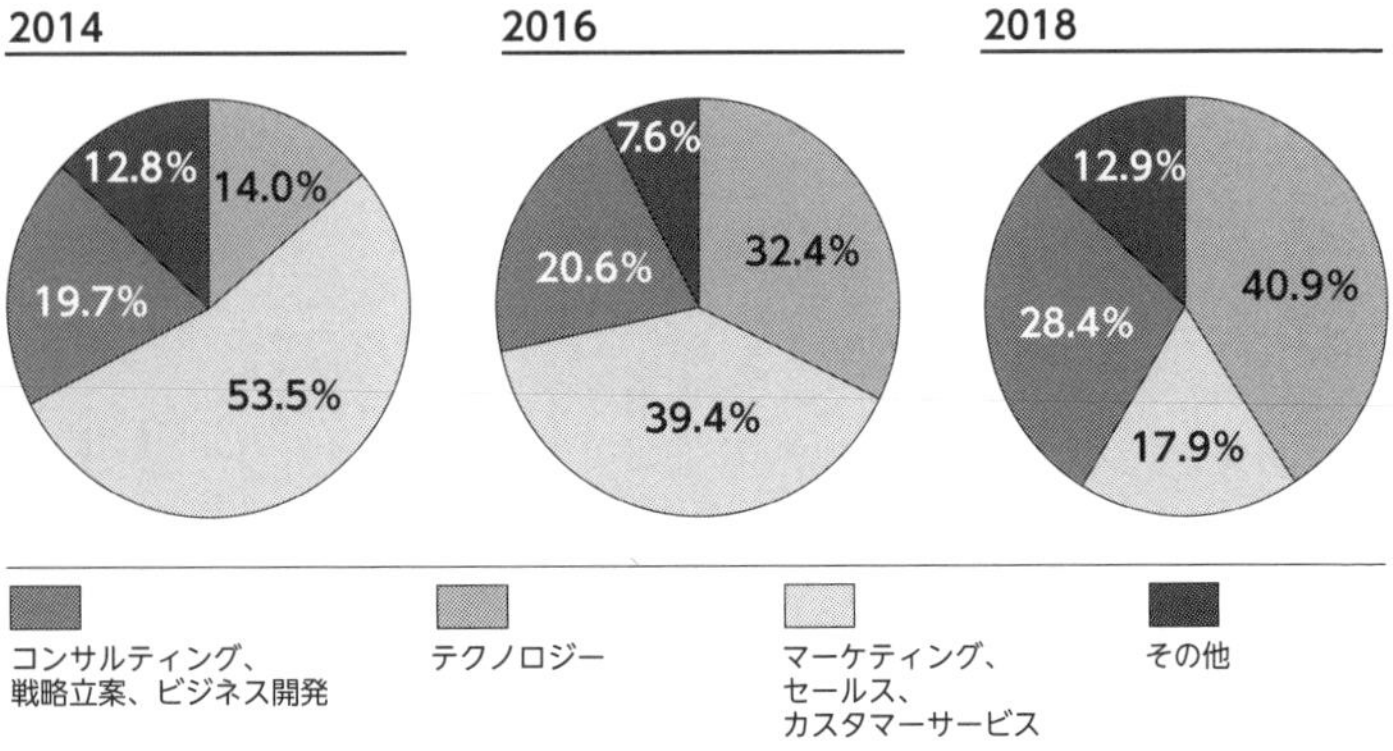

1) サンプルサイズ：2018: n=536; 2016: n=475; 2014: n=86.

出所：Strategy& 2019 CDO Study

ケティングの領域にとどまらず、会社全体の変革であることが浸透し、求められるCDO像も変わってきたと見るべきだろう。

一方、日本のCDO設置の現状を見ると発展途上と言うしかない。海外でCDOの注目度が上がった２０１５年当時、日本ではCDOの役割が新たな市場環境に対して、自社の存在目的や、長く続いたものの考え方、進め方そのものの変革につながるものだという意識は薄く、役職を設置する企業はほんの少数派だった。２０１６年11月時点でもCDOを設置しているのはわずか８%。２０１８年には10%に増加しているとはいえ、わずか２ポイントの増加である。一方、CD

Ｏに限らず、デジタル専門の役職を設置するとの回答は、２０１６年の56%から２０１８年には57%、２０２０年には64%と、近年継続的な増加をみせており、その必要性は認識されていると言えるが、他役職との兼務という形態から脱しきれていない。

経営課題に対する解決の方向性を示すのがCDO

デジタル変革への期待が過熱している現状を考えると、日本も今後はＣＤＯのようなデジタル専門の役職を設置する企業が増えていくことは間違いないが、重要なのはＣＤＯという肩書そのものではない。顧客のニーズや、自社の業務を大きく、かつ、根本的に変化させ得るデジタルテクノロジーが出現する中、自社の目指す姿を具現化し、推進すること。つまり、責任の所在を明確にし、経営陣がその役割を担うことで強力に後押しすることだ。

デジタル変革の推進における経営陣の役割とは何だろうか。１つは、経営の方向性を示し、経営課題を明確化し、解決策としてのデジタル化に対する期待を示すことだ。その上で、デジタル変革担当役員は、デジタル変革によって解決すべき経営課題に対する解決の方向性を示していかなければならない。

また、デジタル変革により自社が新しい環境に対応し、新しい価値を提供できるようにするためには、その価値の内容や、なぜその価値が顧客や消費者に受け入れられるのかを明確にする必要がある。経営の方向性が明確でなければ、ステークホルダーの理解は得られず、社内外のリソースの確保や再配分を行えるはずもない。

だが、日本企業を見る限りは、ビジョンを描かずハードウェアやソフトウェアを購入・導入することをデジタル変革とみなしがちだ。

ここに面白い調査結果がある。デジタル化の責任者の位置づけと、スタッフ間での理解度の関係を見たものだ（図表3－5－3）。

責任者にCEOを位置づけていると回答したのは全体の18%だが、これらの企業では現場スタッフの理解度が最も高く、逆に、責任者不在（合議制）の企業ではスタッフの理解度が最も低くなっている。

つまり、デジタル責任者の役職が上がれば上がるほど、社内や現場でのデジタル化推進に対する理解が進んでいく傾向にあるということだ。これは、抜本的な変革を目的としたデジタル化を実現するためには、経営陣が自ら取り組みを主導し、自社の経営課題を設定して解決の方向性を示すことの重要性を物語っている。

図表3-5-3　デジタル化推進の責任者と従業員間での理解度

デジタル化の責任者の位置付け　（複数回答、n*=366）

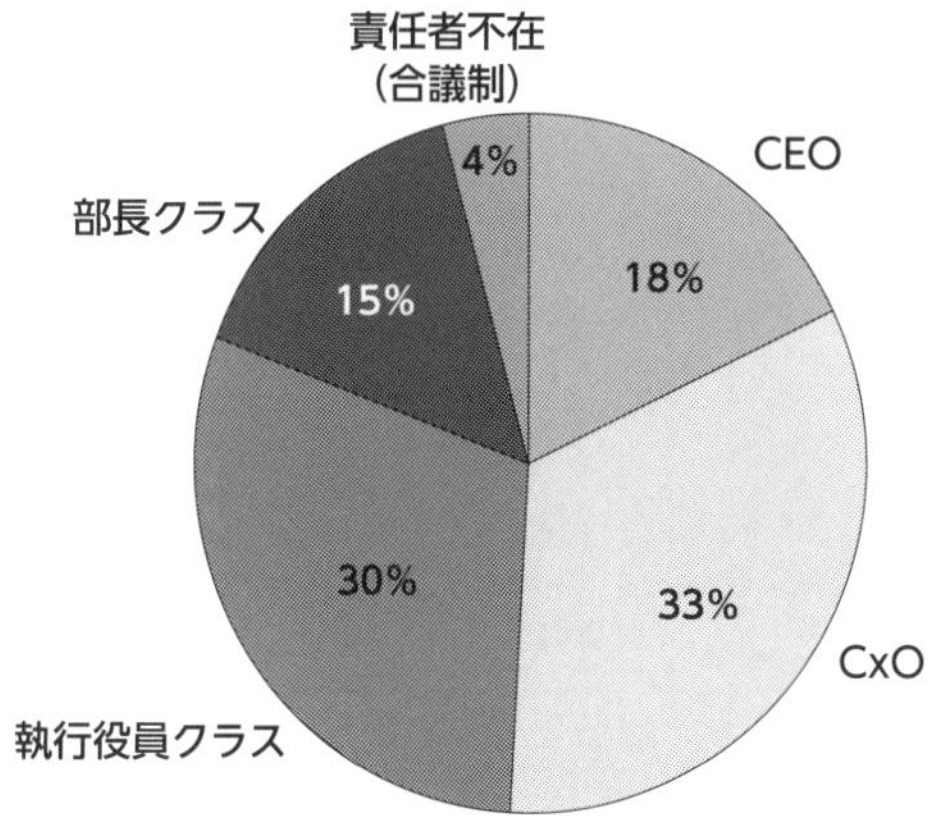

デジタル化責任者の役職に応じた従業員の理解度合い　（単一回答、n*=361）

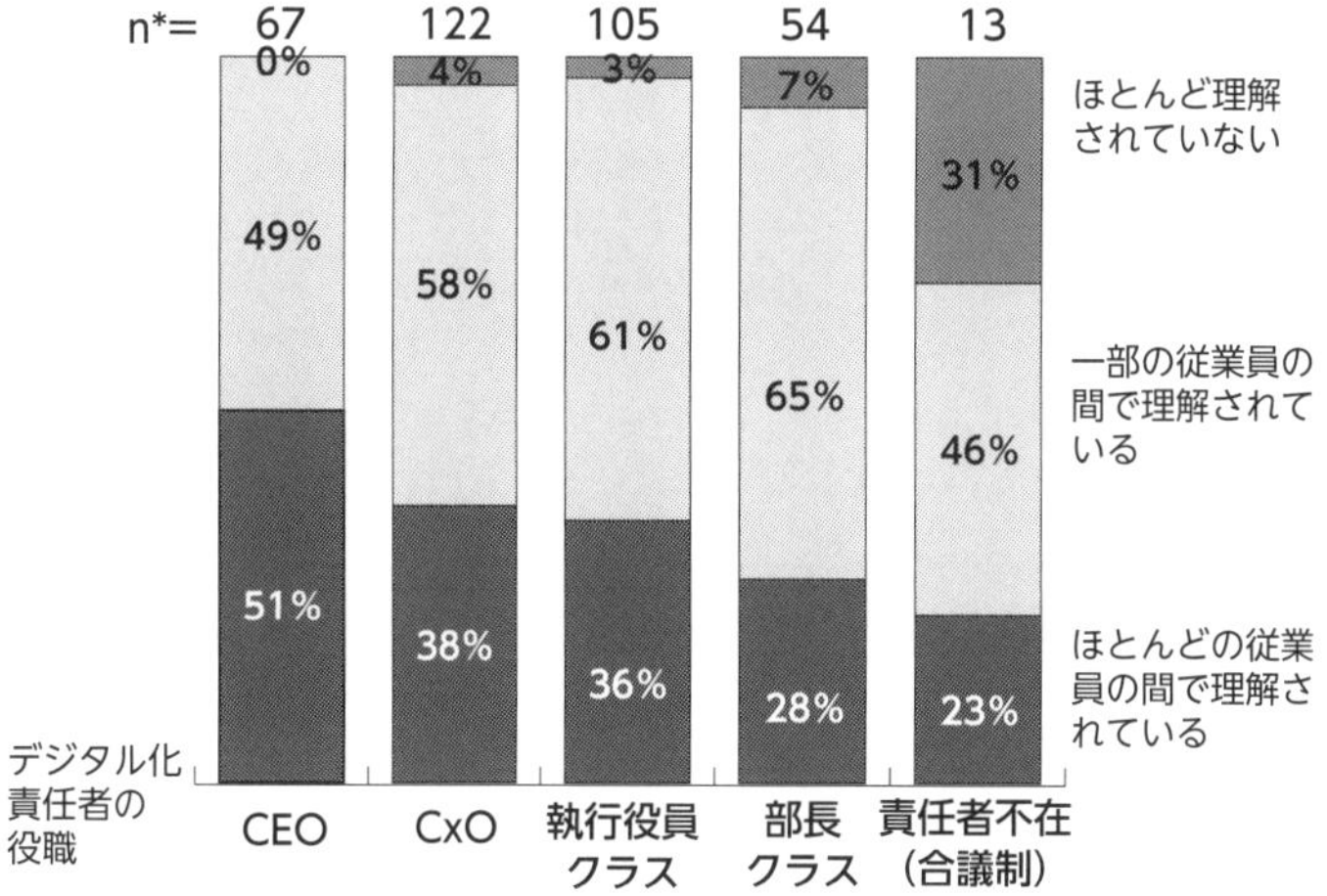

*無効回答（分からない）を除く　　出所：Strategy& CDO調査（日本）2020年7月

図表3-5-4　デジタル推進の実行フェーズおよび検討フェーズにおける課題（複数回答）

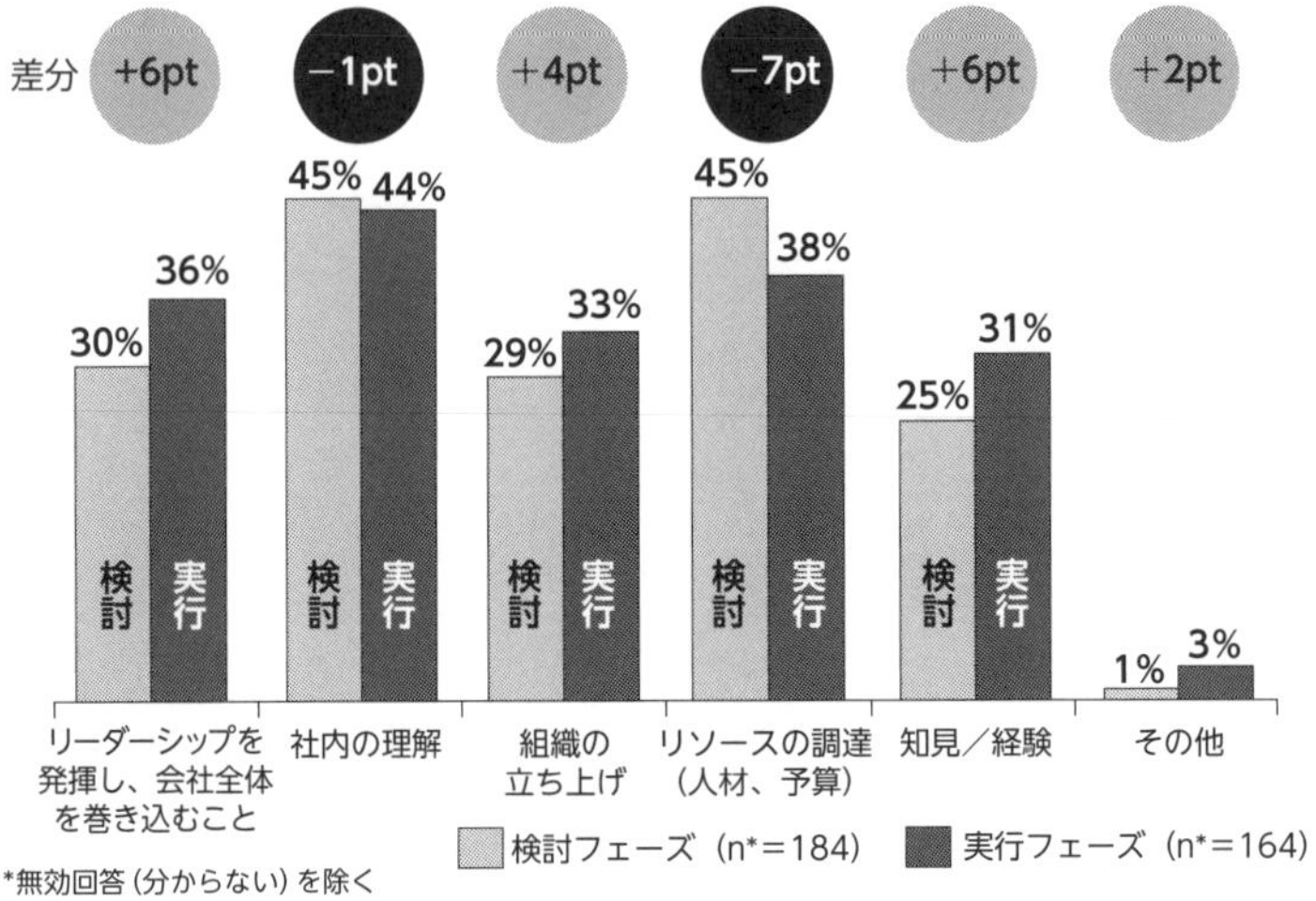

*無効回答（分からない）を除く
出所：Strategy& CDO調査（日本）2020年7月

日本のCDOの主な役割は社内コミュニケーション

このように日本企業はいくつもの問題を内包しつつも、デジタル化は若干ではあるが検討フェーズから実行フェーズへと移行している。調査結果から、フェーズ移行の際に組織課題に直面することがわかった（図表3－5－4）。

企業のデジタル化推進における課題は以下の5つに集約される。

1. リーダーシップを発揮し、会社全体を巻き込むこと
2. 社内の理解を形成すること
3. 組織を立ち上げること

4．リソースを調達すること（人材および予算）
5．知見／経験を獲得すること

実行フェーズにある日本企業のとりわけ大きな課題が、「2．社内の理解を形成すること」だ。既得権益とぶつかるケースが多く、社内外の様々な場面で軋轢が生じてしまうからだ。例えば、これまでBtoBのビジネスを展開してきた企業がBtoCも展開しようとすれば、卸や小売店の反発はまぬがれない。当然、小売店や卸を顧客としてきた営業所管の強い反対に直面する。また、直販を行うためのサプライチェーンも整えなくてはならないし、新しい活動を支えるための一連の新しい組織能力も獲得しなくてはならない。これには、理解してもらうべき内容を明確にするのと同時に、その内容を繰り返し言葉や、多くの小規模な取り組みなどを通じて、関係者に伝えていくという地道な努力が求められる。百聞は一見にしかずというが、多くの人は自ら見て、経験したことがないものを簡単には信頼しない。1回理解を得られたと思えても具体策の推進になると、総論賛成各論反対に陥る状況は多く見られる現象でもある。

これら全てを乗り越えて、「社内の理解」を得るためには、ロジックと、行動と、忍耐力と時間、それら全てが必要なのである。事実、ある日本企業のCDOは、最も重要な役割は伝道師としてデジタル化の必要性や社内変革について社内の理解を得ることであると位置づけ、自らのプランを策定することに加えて多くの時間をコミュニケーションに費やし、相手の理解を得られたと思ったところからさらに最低5回は説明するようにしていると語る。

将来の事業を支えるために、デジタル技術を導入し、既存の事業を変革するための投資を提案しても、現在の売上が大きい現場――必ずしも成長しているとは限らないが――を回すための投資に劣後することから、その将来の投資提案の採用までに大きな労力を要する。また、デジタル技術を導入したとしても、現場がその趣旨や使い方を理解し、業務に取り入れるまでに大きな努力が必要である。このような努力は、経営から現場まで、デジタル技術導入の方針や取り組みの背景が理解され、浸透していることで、ある程度軽減することができる。

ある国内の大手小売企業ではそうした軋轢を解消するために、週に1回のペースで社長とCDOが状況を共有し、認識をすり合わせながら、この取り組みは社内でどういった意味があり、何を可能にするのか、何のために必要なのかを徹底的に社内に浸透させていった。「コミュニケーションを取ることはCDOの重要なミッション」という当該CDOの言葉は非常に印象的であり、日本のCDOの置かれている立場を端的に象徴している。

実質的な権限をもたないCDO

海外に比べ、日本企業のCDOやデジタル化を推進する役員は指揮命令権を有していないケースが多く、これもまた深刻な問題だ。

海外の場合、CDOはデジタルの観点から全社に指示し、取り組みを進めていく権限が明確である。一方、日本は事業ユニットに予算が振られるため、CDOに確固たる予算が毎年配分される構造になっていない企業が多いのだ。ろくに権限を与えず、流行りだからといってCDOのポジションを創設する企業も目立つ。

しかし、それらは間違ったCDOのアサインメント（権限の設定）と言わざるを得ない。本来、企業はCDOの役職を置く前に、「まずこの事業・業務・分野のデジタル化だけは確実に進める」という方針を決め、その上でCDOに実質的な権限をもたせるべきだ。例えば、企業の命運を担う核となる取り組みを3つ策定したとすれば、CDOの権限のもと、誰もがその方針に従うように定めておきたい。それを決めていないと、CDOは合意形成のために社内を駆けずり回らなければならなくなる。一定の業務においてはCDOが全ての権限を握る。これこそが本来的なCDOの正しい有り方だ。

先にも述べたが、デジタル化を推進すると組織の中に利害の不一致が生まれやすい。旧来のビジネスの受益者が不利益を被るケースが頻発するため、ＣＤＯはその調整においても大きな役割を果たさなくてはならない。市場環境の急激かつ大きな変化の中にあって全社一丸となって対応して、生き残るために、存在価値を再定義し、拡大していく。デジタル化の推進でビジネスに変革を起こすという共通目的に向け、足並みを揃えるべくリードするのがＣＤＯだ（図表３－５－５）。

　また、ＣＤＯその他のデジタル化推進の役割を担う専門組織がある場合とない場合とを比べると、デジタル化に必要なリソース（投資を含む）、または技術的・組織的環境条件の不足感にも顕著な違いが出ていた（図表３－５－６）。

　経営層の支持、リソース（人材および予算）、ＩＴインフラ、機能部門間の協業の全般にわたって「デジタル化推進の専門組織がある」と回答した人のほうが、「推進する部門なし」と回答した人と比較して、必要なリソースや環境条件に対する不足感は少ない。方向性を決めさえすれば組織は勝手にデジタル変革をおこすというほど簡単なものではない。

　デジタル変革の責任が誰にあるかを明確にし、責任者が人材、インフラ、予算を獲得し、組織内の連携と経営層の支援を実現していく必要がある。責任者不在の中ではそのようなリソース獲得や環境整備が起きにくい。デジタル化の専門組織の創設は、利害の不一致の解消につながり、リソースや環境の充足度アップに貢献するのである。

図表3-5-5　**デジタル化推進における利害の不一致を解消する仕組みの有無**（単一回答）

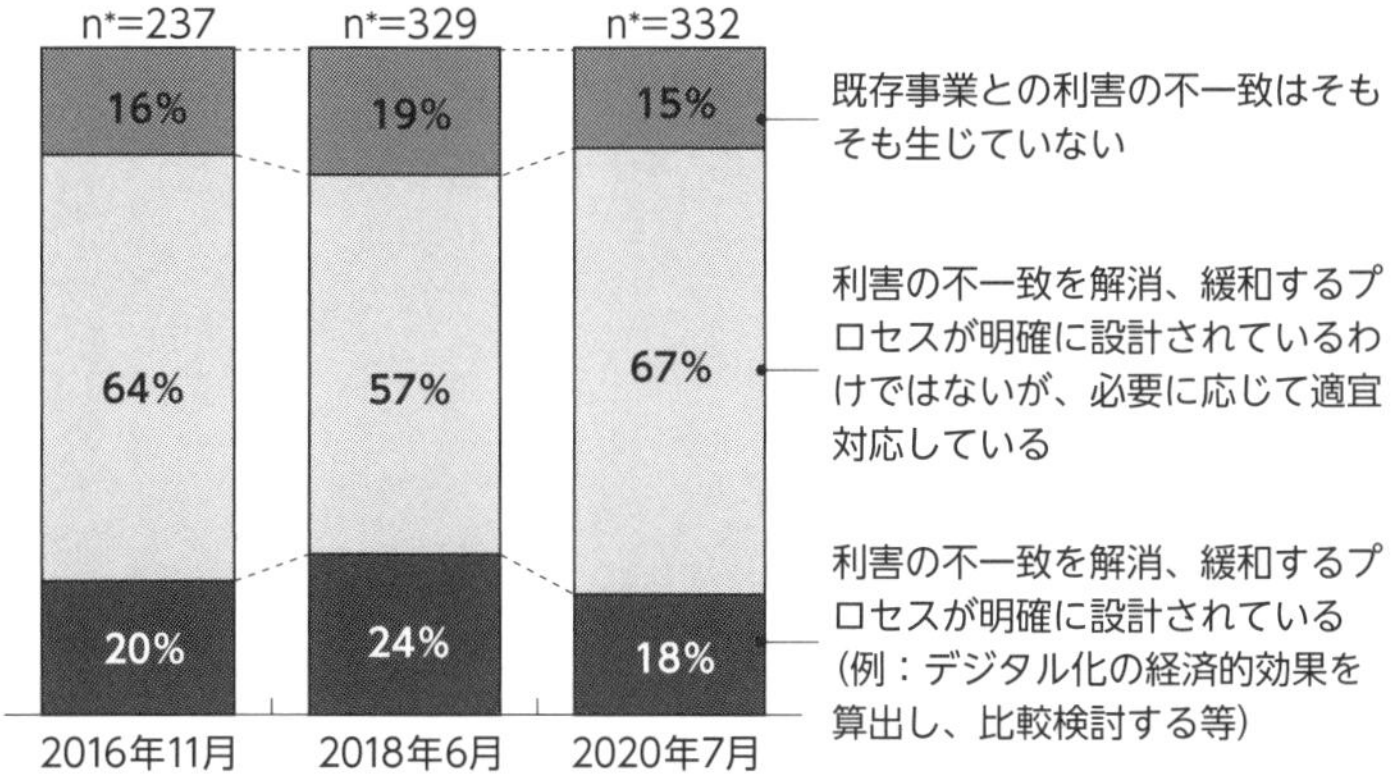

*無効回答（分からない）を除く　　出所：Strategy& CDO調査（日本）2018年6月、2020年7月

図表3-5-6　**デジタル化推進の役割を担う組織の有無によるリソース／環境の充足度の比較**（単一選択）

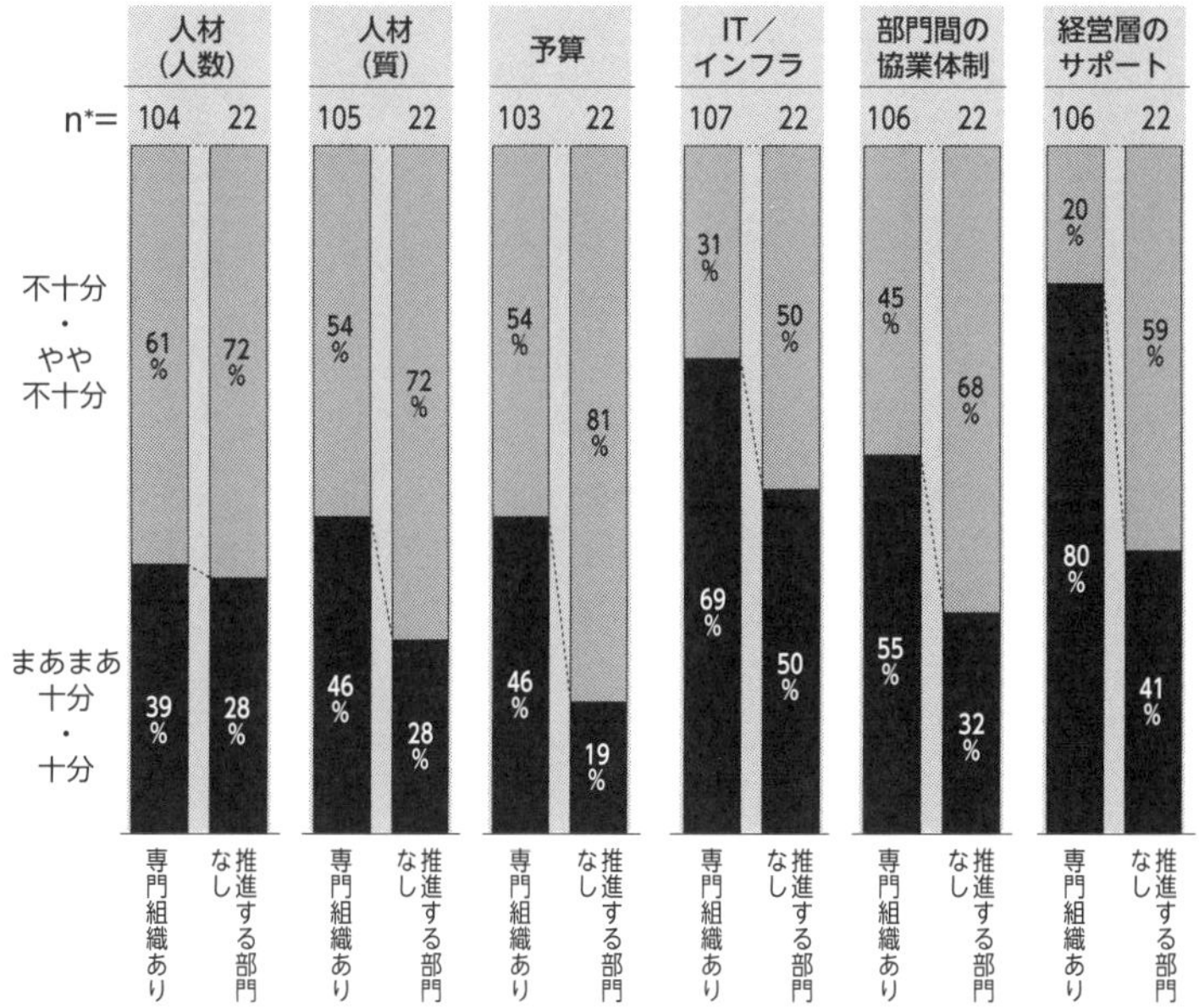

*無効回答（分からない）を除く　　出所：Strategy& CDO調査（日本）2020年7月

社内にない経験や視点を持つ人材を

デジタル変革の推進には事業部変革方式、機能変革方式、切り分け方式、ＣｏＥ（Center of Excellence）方式などのいくつかの方式がある。

日本企業の場合、既存の商慣習からの制約やしがらみが多く、そこをいきなり断ち切ってデジタル化を進めることは現実的には難しい。また、多くの場合、個々の意思決定権を乗り越えて取り組みを進めることも難しい。従って、推進するとすれば、切り分け方式やＣｏＥ方式を採用するケースが多い。

切り分け方式は、従来の事業とは切り離し、はっきりと棲み分けを行った上で、子会社などを設立し、新しい事業領域においてデジタル変革を進める。

ＣｏＥ方式は、組織各所に自律的なデジタル変革の責任を持たせつつ、ＣｏＥが組織知を集約し、変革に対して知見を提供することで変革を促進する。これらは、既存のしがらみや、課題を前向きに受け入れて、取り組みを進めていくアプローチである。

デジタル化担当役員の役割とは、デジタル化によって解決すべき経営課題を特定し、解決の方向性を示していくことだと前に述べたが、仮に特定したとしても既得権益の中ではその課題を解決することは困難だろう。だからこそ、ターゲット事業を外に出すことに意味がある。従来の事業との切り分けには一定の価値がある。この場合、ＣＤＯは、本業とは別に運営される別会社のＣＥＯ、あるいは、ＣｏＥの長という立ち位置が与えられる。全社への影響力は限定的であるが、実績は上げやすい。

一方でこれは、既存事業を変革するのに長い時間を必要とするアプローチである。特に、切り分け方式を採用した場合には、いずれ、本体の変革を進めなくては本体の生き残りは難しくなることもあり、問題の先送りになっているケースがある。

本来あるべき姿は、事業部変革方式や機能変革方式のように、既存の主力事業（これが、将来的に意味のある事業であり続けると仮定して）を真正面から変革することである。市場や顧客ニーズの変化、自社で採用し得るテクノロジーの変化を検証した多くの場合、デジタル変革を進めることなしには生き残りは難しい。そうであれば、既存事業の変革に真正面から取り組むほうが生き残りの可能性が大きくなるだろう。この場合、当然全社的に取り組みを進めたいところではあるが、変革の中身はあまりに広範であるため、取り組みにおける優先順位を定めて進めることが多い。一定の地域、事業ラインからの変革、あるいは、一定の機能からの変革などである。

一定の機能からの変革を例に説明する。あるレストランチェーン企業では、マーケティングのデジタル化を進めるために、入手可能なあらゆるデータの分析を活用し、クーポンや予約その他の分野で数多くのテクノロジーを検討し、試験的な活用を繰り返した。そこで得た知見をメニュー開発、店のオペレーションなどの他部門に提供している。マーケティング起点で間接的にデジタル変革を進めるのである。一部事業を先にデジタル化し、その成果を他の部署にも活用している例もある。ある電力会社は、気象衛星の画像をもとに日射量を推定し、太陽光発電マップを使ってサービス地域内の太陽光発電導入量を把握した。それを活用して、地域内の各家庭のスマートメーターの実績データの解析をもとに、顧客の設備ごとの太陽光発電量分布を推定するサービスを展開した。自社と地域内の太陽光発電量の推定精度が上がることで、火力発電による備蓄量を高い精度で予測できるようになり、火力発電の燃料費を低減することに成功している。

既存チャネルとの整合性を図り、「手打ちにする」という日本的なアプローチも解決策の1つだ。全国的に特約店網を張り巡らせている大手化粧品会社では、オンラインショップでの利益の一部を特約店に還元するという形を採用している。これまでの化粧品の売り方と新しいデジタルでの売り方をすりあわせ、特約店にとっても利益が生まれるような仕組みを作り上げることでデジタルの取り組みを大きく前進させることに成功した事例である。

歴史があり、事業に厚みがある企業であればあるほど、全てを一気にデジタル化するアプローチはハードルが高くなる。例にあげたレストランチェーンのように、まずデジタル化を果たす事業を1つでもいいから確定し、そこだけは徹底してデジタル化による変革を成し遂げる。あるいは、化粧品会社のように既存チャネルとＷｉｎ－Ｗｉｎの関係をつくる。そうして一部の変革から得た効果を他の事業にも波及させれば、全社的変革の成功確率も上がっていく。

重要なのは優先順位をつけることだ。結果が出なければ、従業員のモチベーションは上がりにくい。先にデジタル化するターゲットを決め、成功実績をうまく上げてモチベーションアップにつなげ、それを他にも展開していく。この場合、ＣＤＯは、デジタル変革を牽引する組織の長として、あるいは、その長の横で一緒に変革を進めるという役割を担う。

なお、どの方式をとるとしても、変革を進めることができるのは新しい発想ができる人材である。そのため、社外からＣＤＯが招聘される例も多く、従来の組織と軋轢が大きくなりがちではあるが、これは社内にない経験や視点を求めてのことである。従来の企業文化とは異なる人材をあえて必要としているという前提に立った上で、「外様の」ＣＤＯを、経営陣その他社歴の長いメンバーが支えていく必要がある。

社外からの招聘でないとしても、できれば社内から浮いた人材、とがりすぎている人材、俗に言う「跳ね返り娘や息子」のような人材、旧来の人事制度の枠組みのなかでは育ちにくい人材で部門を構成し、自由な雰囲気をつくってデジタル化の推進にあたらせることを推奨したい。既成の価値観や発想に染まっていない「跳ね返り娘や息子」こそ、デジタル化の原動力だ。

デジタル変革を果たしたときCDOは消えてなくなる

最後にCDOという役職の将来について触れておきたい。ある外資系保険会社のCIO（Chief Information Officer：最高情報責任者）は「いま、CDOを置く企業はデジタル化においては後発である。企業のデジタル化は恒常的な課題であり、デジタル化の牽引役は本来CEO以下、各事業部門の責任者が通常業務として担うべきだ」と指摘していた。私たちもこのCDOという職位は、デジタル化が実現すればいずれは消えてなくなると捉えている。

CDOとは、企業がデジタル変革を目指し、全社的に抜本的に考え方、働き方、事業プロセス、事業内容などを更新する際に登場し、存在感を発揮する。一方で、変革の過渡期に必要とされる一時的なポジションでしかなく、変革が軌道に乗れば、消えてなくなる宿命を背負う役職だ。ＣＤＯの必要性がなくなったときはじめて、企業はデジタル変革を果たし、ミッションを達成したと言えるのだ。

　では、それまでにどれぐらいの月日を要するのだろうか。デジタル変革やデジタル変革の専門組織の設置に後れをとっている日本企業の多くは、コミュニケーションや意識改革に着手し、デジタル変革が始まったばかりの段階だ。ＣＤＯが消えてなくなるまでには最低でも5～6年はかかることを覚悟したほうがいいだろう。

　このとき、もっとも回避すべきは、「ＣＤＯを招聘したので我が社は3年後にはデジタル化が完了しているはずだ」という他人任せの発想だ。どんなに有能なＣＤＯを外部から招いても、全社一丸となって息の長い取り組みを続けていかなければ、デジタル変革は進まない。新規事業や切り分けた別事業からスタートするにしても、トップが主体的にコミットしなければ真の変革は果たせない。デジタル変革とは全社的な戦略課題である。

おわりに

　この書籍をまとめている間も、企業を取り巻く環境は、非常に速いスピードで変化を続けている。パンデミックや災害などの社会全体を揺さぶる脅威をはじめ、国家間の衝突、ニューノーマルと言われる中での生活者の行動変容など、枚挙に暇がない。

　その中で、ＤＸというものが、単なる企業の成長のための新規事業というだけでなく、生き残りをかけた大きな企業改革としての意味合いが、さらに強くなってきている。

　繰り返しになるが、ＤＸそのものは、すでに多くの企業で検討・実施されており、当たり前の取り組みとなっている。いま一度、このタイミングで、このテーマで書籍発行を検討した理由を述べておくと、依然としてＤＸの進め方に疑問を持っている経営者や実行責任者が多いからである。そのため、ＤＸを推進するのに必要となる基本的な枠組みや成功の鍵を、総点検する意味合いも込めて、改めて記述することにした。

　また、ＭＳ＆ＡＤインシュアランス グループ ホールディングスの船曳真一郎様、東芝の島田太郎様、日立グローバルライフソリューションズの丸山幸伸様には、非常にご多用の中、ＤＸを成功に導くための様々な貴重なご示唆を頂戴した。このタイミングでのＤＸの再考を行うことの社会的意義も含め、皆様から本書へのご知見共有に対するご快諾と、多大なるご協力を頂戴したことに、改めて心よりお礼申し上げたい。

加えて、変化の速い当該領域において、最新の知見をお届けするために、執筆期間中に何度もアップデートする必要があり、苦心に苦心を重ねて本書完成に導いてくれたＰｗＣメンバーおよび東洋経済新報社の皆様にも、改めて感謝の意を表したい。

ＤＸはこれまでも、そしてこの瞬間も今後も、時代とともに意味合いが変わってくる特性を持っているが、共通しているのは新しい環境への適応と進化である。近年のＤＸを考えるたびに思い出す有名な一説がある。

〝生き残る種とは、最も強いものでも最も知的なものでもない
それは変化に最もよく適応したものである〟

この言葉の出処には諸説あるようだが、これはＰｗＣのＤＸをともに考え、実行している仲間のパートナーから改めて思い出させていただいた一説である。現代のＤＸを実行・

推進する立場の人間にとって、読み返してみるたびに、大変含蓄のある言葉だ。生存していくための企業の必要ケイパビリティとして、常に環境に合わせて進化できるメカニズムを企業内に構築することが、いま私たちが進めているトランスフォーメーションのゴールに違いない。

本書が、貴社の変革・進化の一助になれば幸いである。

PwC Japanグループ チーフ・デジタル・オフィサー
神馬 秀貴

◉全体監修・執筆

神馬 秀貴
PwC Japanグループ
チーフ・デジタル・オフィサー

二岡 厚臣
PwCコンサルティング合同会社
シニアマネージャー

芦田 百合菜
PwCコンサルティング合同会社
シニアアソシエイト

永妻 恭彦
PwC Japan合同会社
ディレクター

今津 千智
PwC Japan合同会社
シニアアソシエイト

◉取材協力

舩曳 真一郎 氏
MS&ADインシュアランス グループ
ホールディングス株式会社
執行役員 グループCDO

島田 太郎 氏
株式会社東芝
執行役上席常務 最高デジタル責任者

丸山 幸伸 氏
日立グローバルライフソリューションズ
株式会社
ビジョン戦略本部 ビジョン商品企画部
クリエイティブ・ディレクター

※本書登場順・所属および役職は取材当時のもの

◉執筆

北川 友彦
PwCコンサルティング合同会社　Strategy&　パートナー

唐木 明子
PwCコンサルティング合同会社　Strategy&　パートナー

三井 健次
PwCコンサルティング合同会社　Strategy&　パートナー

田畑 萬
PwCコンサルティング合同会社　Strategy&　シニア・アドバイザー

佐々木 亮輔
PwC コンサルティング合同会社　パートナー(組織人事・チェンジマネジメント)

藤川 琢哉
PwCコンサルティング合同会社　パートナー(データアナリティクス)

河野 美香
PwCコンサルティング合同会社　ディレクター(データアナリティクス)

宮村 和谷
PwCあらた有限責任監査法人　パートナー(システム・プロセス・アシュアランス)

【著者紹介】

PwCあらた有限責任監査法人

PwCあらた有限責任監査法人は、卓越したプロフェッショナルサービスとして監査を提供することをミッションとし、世界最大級の会計事務所であるPwCの手法と実務を、わが国の市場環境に適した形で提供しています。さらに、国際財務報告基準（IFRS）の導入、財務報告にかかわる内部統制、また株式公開に関する助言など、幅広い分野でクライアントを支援しています。

PwCコンサルティング合同会社

PwCコンサルティング合同会社は、経営戦略の策定から実行まで総合的なコンサルティングサービスを提供しています。PwCグローバルネットワークと連携しながら、クライアントが直面する複雑で困難な経営課題の解決に取り組み、グローバル市場で競争力を高めることを支援します。

PwC Japanグループ

PwC Japanグループは、日本におけるPwCグローバルネットワークのメンバーファームおよびそれらの関連会社の総称です。各法人は独立した別法人として事業を行っています。

複雑化・多様化する企業の経営課題に対し、PwC Japanグループでは、監査およびアシュアランス、コンサルティング、ディールアドバイザリー、税務、そして法務における卓越した専門性を結集し、それらを有機的に協働させる体制を整えています。また、公認会計士、税理士、弁護士、その他専門スタッフ約9,000人を擁するプロフェッショナル・サービス・ネットワークとして、クライアントニーズにより的確に対応したサービスの提供に努めています。

デジタルチャンピオン

変化適応と新価値創造のための思考とその戦略

2021年4月8日発行

著　者――PwCあらた有限責任監査法人 PwCコンサルティング合同会社

発行者――駒橋憲一

発行所――東洋経済新報社

〒103-8345　東京都中央区日本橋本石町1-2-1

電話＝東洋経済コールセンター　03(6386)1040

https://toyokeizai.net/

装　丁…………中村勝紀（TOKYO LAND）

印刷・製本……中央精版印刷株式会社

©2021 PricewaterhouseCoopers Aarata LLC, PwC Consulting LLC.
ISBN 978-4-492-96172-8

本書のコピー、スキャン、デジタル化等の無断複製は、著作権法上での例外である私的利用を除き禁じられています。本書を代行業者等の第三者に依頼してコピー、スキャンやデジタル化することは、たとえ個人や家庭内での利用であっても一切認められておりません。

落丁・乱丁本はお取替えいたします。